Hauptstadt und Diktatur
Städtebau in Berlin, Rom, Lissabon, Moskau, Madrid
Harald Bodenschatz

mit Beiträgen
von
Christian von Oppen
Thomas Flierl
Max Welch Guerra
Tilman Harlander

**Werkbund
Berlin**

4	Vorwort Angelika Günter, Claudia Kromrei
6	Harald Bodenschatz **Hauptstadt und Diktatur** Städtebau in Berlin, Rom, Lissabon, Moskau, Madrid
19	Harald Bodenschatz **Blicke auf Berlin, Rom, Lissabon, Moskau, Madrid**
60	Christian von Oppen **Lissabon, populäres Abbild eines uneingelösten Zukunftsversprechens**
62	Thomas Flierl **CIAM 4 Moskau** - Verpasste Chance der Selbstverständigung der Moderne und Desidarat der Forschung
64	Max Welch Guerra **Der lange Atem des Forschers**
66	Tilman Harlander **Orts-Verständnis**
68	Harald Bodenschatz **Veröffentlichungen zu Städtebau und Diktatur**
72	Impressum

Vorwort

Angelika Günter

Aus Anlass des 70. Geburtstages von Harald Bodenschatz widmet der Berliner Werkbund seinem langjährigen Mitglied eine Foto-Ausstellung und ein Begleitbuch zum Städtebau in den Hauptstädten der europäischen Diktaturen. In dem vorliegenden Buch stellt Harald Bodenschatz die Quintessenz seiner Forschung komprimiert vor, flankiert von Textbeiträgen seiner Kollegen und Wegbegleiter Christian von Oppen, Thomas Flierl, Max Welch Guerra und Tilman Harlander.

Die Hauptstädte der Diktaturen in Europa dienten der Repräsentation und Inszenierung der Staatsmacht; sie waren das Schaufenster für das Inland und Ausland. Zugleich konzentrierten sich in den Hauptstädten die Investitionen zur Modernisierung des Staates. Der Ausbau der sozialen Infrastruktur, vor allem der Bau von Hochschulen, Sportanlagen, Krankenhäusern waren zentrale Aufgaben des diktatorischen Städtebaus ebenso wie die Verkehrsinfrastruktur. Von großer Bedeutung war der Ausbau der Flughäfen, etwa der Flughafen Tempelhof in Berlin, der Bahnhöfe, der Straßen und Schnellbahnen. Die architektonischen und städtebaulichen Hinterlassenschaften sind vielfältig, im heutigen Stadtbild allgegenwärtig.

Harald Bodenschatz hat sich mit seiner Fotokamera auf Spurensuche begeben. Er zeigt Fragmente, Fundorte, Zeugnisse des Städtebaus der 20er, 30er und 40er Jahre in seiner ganzen Bandbreite. Mit seinem komplexen Verständnis von Städtebau und Diktatur setzt Harald Bodenschatz die Spuren der Geschichte frei, die die Vergangenheit, Gegenwart und Zukunft gleichermaßen berühren.

Das Denkmal der Entdeckungen ist heute ein touristisches Top-Ziel und ziert manchen Reiseführer. Freilich weiß nicht jeder Tourist, dass es auch das wichtigste realisierte Denkmal diktatorischen Städtebaus in Lissabon, ja in ganz Portugal ist. Die steinernen Entdecker streben im Auftrag Portugals vorwärts in Richtung Meer, allen voran der portugiesische Superstar des 15. Jahrhunderts: Heinrich der Seefahrer, und sie künden nicht nur von der vergangenen Größe Portugals, sondern auch - das war ihre Botschaft 1940 - von der neuen Größe Portugals und seines weltumspannenden Imperiums unter Salazar.
(Harald Bodenschatz)

Denkmal der Entdeckungen
(Padrão dos Descobrimentos),
erbaut 1940 (in Gips) und 1958-1960
(vergrößert in Stein).
Foto: 14.09.2012

Claudia Kromrei

Die 20 Fotos von Harald Bodenschatz zu Rom, Moskau, Berlin, Lissabon und Madrid offenbaren nicht auf Anhieb die Dimensionen, die sich mit ihnen verbinden. Die Fotos sind Verweise und wo sich ihre Hintergründe und ihre Tragweite nicht sofort erschließen, hilft uns Harald Bodenschatz mit einer Kurzfassung seiner Forschungsergebnisse auf die Sprünge. Sie entstanden in den letzten sieben Jahren im Zusammenhang mit seinen schon viel länger währenden Forschungen zum Städtebau im faschistischen Italien, in der stalinistischen Sowjetunion, im nationalsozialistischen Deutschland, in Salazars Portugal und in Francos Spanien.

Die Bilder machen deutlich, dass das Thema Städtebau und Diktatur ein fortwährendes und mit dem Fall einer Diktatur nicht beendetes ist. Städtebau und Architektur waren und sind machtvolle bleibende Ausdrucksmittel der Diktatoren, sie überdauern die Herrschaftsform, den Terror, die Ideologie, die Unterdrückung und die Unfreiheit und wir müssen Strategien für den Umgang mit ihnen entwickeln: Abreißen, Bewahren, Sanieren, Transformieren? Ist das eine Frage der Qualität und darf man diese Frage überhaupt stellen? Sind Städtebau und Architektur, wenn sie in Diktaturen oder von Diktatoren ins Werk gesetzt sind, lediglich ein Mittel zur Selbststilisierung und Herrschaftssicherung oder sind sie nicht auch künstlerische Disziplinen und getragen vom Kunstwollen des Bau- und Stadtbaukünstlers? Spätestens am Beispiel Italiens – und auch dafür hat Harald Bodenschatz früh schon sensibilisiert – wo Architektur und Städtebau des Faschismus künstlerisch herausragen, offenbart sich die dialektische Dimension des Themas.

Städtebau als Propaganda und große Geste sowie als Modernisierungsprogramm ist auch eine Berliner Realität, dessen Mitte architektonisch und städtebaulich in großen Teilen das Ergebnis zweier Diktaturen ist, der des Nationalsozialismus und der der DDR. Dass sich Diktaturen voneinander unterscheiden, verbietet nicht, sie alle so zu nennen und die eine mit Blick auf die andere zu betrachten. Harald Bodenschatz tut das mit der großen Klugheit desjenigen, der sich ein ganzes – noch kein ganzes! – Forscherleben mit dem Thema in seiner ganzen Komplexität befasst hat, mit den internationalen Verflechtungen der Diktaturen, mit ihren historischen, politischen, gesellschaftlichen und künstlerischen Dimensionen. Er hat das Verdienst, den Diskurs zum Zusammenhang von Städtebau und Diktatur um diese wesentliche interdisziplinär-vergleichende Dimension und um die europäische Perspektive erweitert zu haben.

Harald Bodenschatz
Hauptstadt und Diktatur
Städtebau in Berlin, Rom, Lissabon, Moskau, Madrid

Städtebau spielte eine bis heute unterschätzte Rolle für die europäischen Diktaturen des 20. Jahrhunderts: Er diente der Legitimation der Herrschaft, der Produktion von Zustimmung, der Demonstration von Stärke, Effizienz und Schnelligkeit, er untersetzte die wirtschaftliche, soziale und kulturelle Entwicklung, er vermittelte das gesellschaftspolitische Programm im Inland wie Ausland, und er mobilisierte alte wie neue Fachleute.

Der Städtebau einer Diktatur kann nur in einer internationalen Perspektive ausreichend begriffen werden. Städtebau fungierte als Medium des Konkurrenzkampfes zwischen den Diktaturen. Städtebau war aber immer auch ein Ergebnis des internationalen Austauschs von Experten im Dienste der Diktaturen. Analytisch dient eine internationale Perspektive dem besseren Verständnis jeder einzelnen Diktatur.

Zu unterscheiden sind hinsichtlich der europäischen Diktaturen der ersten Hälfte des 20. Jahrhunderts – bei aller berechtigter Vorsicht solcher Schubladenbildung – eher hegemoniale Diktaturen wie das faschistische Italien, die Sowjetunion und das nationalsozialistische Deutschland, die die Entwicklung in anderen Ländern etwa durch Ausbildung wie Export von Architekten und Ausstellungen beeinflussten oder zu beeinflussen suchten, und eher abhängige Diktaturen wie Portugal unter Salazar und Spanien unter Franco, die auf der Suche nach ihrem Städtebau erheblichen, wenngleich unterschiedlichen ausländischen Einflüssen ausgesetzt waren.

Mit dem Fall der Diktaturen war deren Städtebau nicht vom Tisch, im Gegenteil, er bewegt Europa bis heute. Diktatorischer Städtebau wurde zum Gegenstand von Strategien des baulichen wie medialen Umgangs – des Abrisses, der Transformation, der Rekonstruktion, des Vergessens, des Verdrängens, der Neuinterpretation wie der Verherrlichung. Der Städtebau der Diktaturen erfordert daher auch eine Auseinandersetzung mit der Geschichte der Verarbeitung des diktatorischen Städtebaus bis heute.

Konzentration auf die Hauptstadt

Der Städtebau der Diktaturen während der ersten Hälfte des 20. Jahrhunderts betraf vor allem die Hauptstädte. Hier konzentrierten sich die wichtigsten städtebaulichen Projekte und großen Planungen, hier ballten sich nicht nur die Institutionen der Diktatur, sondern auch die einflussreichsten Architekten und Städtebauer. Hier wurden in einer scharfen, oft vor den Augen der breiten Öffentlichkeit verborgenen Konkurrenz unter den Fachleuten die großen Auseinandersetzungen um die grundsätzliche Orientierung in der Architektur und im Städtebau ausgetragen. Hier waren oder wurden die einflussreichsten Universitäten, Institutionen und Verbände verortet. Hier konnten sich die einflussreichsten Städtebauer der Diktaturen durchsetzen und entfalten – etwa Marcello Piacentini und Gustavo Giovannoni in Italien, Albert Speer und Herbert Rimpl in Deutschland, Boris Iofan und Vladimir Semenov in der Sowjetunion, José Ângelo Cottinelli Telmo in Portugal und Pedro Bidagor Lasarte in Spanien. Hier waren Änderungen der Rahmenbedingungen besonders schnell fühlbar. Die großen Pläne und Projekte in den Hauptstädten galten oftmals als vorbildhaft im übrigen Land.

Es ist von höchstem Interesse, dass alle drei Hauptstädte der hegemonialen Diktaturen Europas, Rom, Moskau und Berlin, relativ junge Hauptstädte waren und in den jeweiligen Ländern noch keineswegs als solche anerkannt waren. Berlin und Rom waren erst um 1870 zur Hauptstadt aufgestiegen, und Moskau hatte erst 1918 Petersburg als Hauptstadt abgelöst. Alle drei Hauptstädte hatten zur Zeit der Machtübernahme der Diktatoren nicht den allerbesten Ruf. Dies war ein großes Problem für die Machthaber, da sie eine wenig konsolidierte und anerkannte Hauptstadt im eigenen Lande selbst erst durchsetzen mussten, um sie anschließend als Schaufenster der Diktatur für das Inland wie Ausland präsentabel herzurichten. Dagegen waren Lissabon und Madrid längst als Hauptstadt etabliert, wenngleich Madrid als Hauptstadt des republikanischen Widerstands nach dem Sieg Francos anfangs noch umstritten war.

Die Planung und der Ausbau der italienischen Hauptstadt waren das erste bedeutende Beispiel des europäischen diktatorischen Städtebaus der Zeit zwischen den beiden Weltkriegen in Europa. Und der Generalbebauungsplan von Rom (1931) war der erste umfassende Plan für eine Hauptstadt der Diktaturen in Europa, noch vor dem Generalplan von Moskau (1935) und erst recht vor der Planung Albert Speers für Berlin (seit 1937). Diese Pläne fußten oft auf älteren Planungen und zielten alle auf ein gewaltiges Stadtwachstum. Die

Generalbebauungspläne von Rom, Moskau und Berlin waren nicht nur eine Orientierung für Planungen anderer Städte in dem jeweiligen Land, sondern experimentierten auch mit neuen planerischen Instrumenten. Dagegen waren die großen Pläne für Lissabon und Madrid von Anfang an mit ausländischem Know How entwickelt worden – der Generalbebauungsplan für die spanische Hauptstadt (1946) mit indirekter deutscher Unterstützung und der Generalbebauungsplan für die portugiesische Hauptstadt durch französische Städtebauspezialisten (1948).

Das Zentrum der Hauptstadt als Schaufenster der Diktatur

In den europäischen Diktaturen der ersten Hälfte des 20. Jahrhunderts galten die Altstädte als schäbig und trübten das erwünschte Bild einer grandiosen neuen Stadt. Das führte zu erheblichen Abrissen des historischen Baubestands, vor allem, aber nicht nur in den Hauptstädten der Diktaturen. In Rom wurde um das Forum Romanum zur Anlage neuer Prachtstraßen und zur Freilegung des antiken kaiserzeitlichen Erbes das wohl größte Kahlschlagprogramm der Zwischenkriegszeit in Europa durchgeführt. Aber auch in Moskau galt die alte Stadt als unbrauchbar, als Zeugnis überwundener kapitalistischer Herrschaft. Nach den Zielen des Generalbebauungsplans von 1935 sollten die Häuser aus der Zeit vor der Revolution verschwinden. In Berlin war eine solche Orientierung ebenfalls unübersehbar: Das alte Berlin östlich der Spree wurde gering geschätzt, der mittlere Teil sollte dem Durchbruch der Ostachse weichen, der große südliche Teil sollte einer neuen Bebauung Platz machen. In Lissabon wurden auf dem Burgberg und an dessen Fuß große Teile der maurischen Stadt abgerissen. Nur in Madrid mussten sich die neuen Machthaber angesichts der dramatischen Wohnungsnot und der mangelnden Mittel nach dem Bürgerkrieg mit Abrissen zurückhalten.

An die Stelle der wenig geschätzten Altstadt sollte ein neues, modernes und repräsentatives Zentrum treten, ein autogerechtes Zentrum mit Arbeitsplätzen für Angestellte. Bestand sollten nur historische Zeugnisse haben, die von der großen Vergangenheit des Landes künden können. Hier war Rom im Vorteil: Die Hauptstadt des faschistischen Italien war voll von baulichen Zeugnissen, die die imperiale Bedeutung Roms betonten: vor allem die Zeugnisse der Antike, besonders der Kaiserzeit, aber auch die auftrumpfenden Zeugnisse des päpstlichen Roms aus der Renaissance und der Barockzeit. In diesem Kontext rückte die Archäologie ins Zentrum des römischen Städtebaus. In Moskau war dagegen mit den historischen Zeugnissen, meist einfachen Holzhäusern, wenig Staat zu machen. Von Bedeutung war hier vor allem der Kreml, der erhalten werden sollte. In Berlin fanden die Nationalsozialisten keine Bauten vergangener deutscher Größe – die alten Kirchen waren zu bescheiden, das Schloss war eher ein Symbol für die Schwäche Deutschlands. In Lissabon dagegen konnte den vergangenen „Siegen" gegen die Mauren und Spanier und der Heimat der „Entdecker" gehuldigt werden. Vor diesem Hintergrund gewann der an der Denkmalpflege orientierte, rekonstruierende Städtebau an Bedeutung – etwa durch den Wiederaufbau des Kastells St. Georg und die Anlage eines imperialen Platzes, der Praça do Império, vor dem restaurierten Hieronymitenkloster in Belém. In Madrid konnte an das großartige Stadtbild der alten Residenzstadt über dem Fluss Manzanares angeknüpft werden.

Während in Moskau und Berlin gewaltige, alles überragende Neubauten zur Markierung des Zentrums – der Sowjetpalast und die Halle des Volkes – geplant wurden, ordneten sich die Neubauten des faschistischen Regimes in Rom den überkommenen Großbauten aus der Antike und der päpstlichen Herrschaft unter. Beispiele hierfür waren die Gestaltung der neuen Nordkurve der Piazza Navona, die Bebauung der Piazza Augusto Imperatore, die sich vor dem Mausoleum des Augustus verbeugen sollte, schließlich die Bauten der Via della Conciliazione, die dem Petersdom huldigten. Dazu gehörte aber auch die Casa Madre dei Mutilati, architektonisch zweifelsohne ein Monumentalbau, der neben den noch weit gewaltigeren Großbauten der Engelsburg und des Justizpalastes jedoch geradezu bescheiden wirkte. Der Versuch, an der Via dell'Impero, heute Via dei Fori Imperiali, das bedeutendste Gebäude des Regimes, den Palazzo del Littorio, zu errichten, scheiterte nicht zuletzt an der Notwendigkeit, dass dieser Bau sich dem Kolosseum hätte beugen müssen. Die neue Nordkurve der Piazza Navona assoziiert kaum einer mit dem Städtebau der Mussolini-Zeit. Auch in Lissabon ordnete sich der Städtebau der Diktatur der vorhandenen Stadt weitgehend unter oder entwickelte diese weiter. Wo er auffallende neue Orte schuf, etwa auf dem Hügel der Alfama oder in Belém, werden sie heute als historische Sehenswürdigkeiten zwanglos vermarktet. In Madrid wurde der Triumphbogen des Sieges am Rande der historischen Stadt errichtet, als Zeichen in Richtung der neuen Universitätsstadt, während der Monumentalbau des Tals der Gefallenen, des Valle de los Caídos, im Großraum Madrid in der einsamen Gebirgslandschaft der Sierra de Guadarrama verortet wurde. Erst kurz nach Ende des Zweiten Weltkriegs wurde das Hochhaus Edificio España als Zeichen eines neuen Aufschwungs im Zentrum von Madrid errichtet.

Der rabiate Umgang mit den Altstädten wurde aber nicht ohne Widerspruch durchgesetzt. Gustavo Giovannoni, einer der einflussreichsten Städtebau-Experten während der Zeit des Faschismus in Rom, entwickelte in der Zwischenkriegszeit seine bereits vor dem Ersten Weltkrieg präsentierten Ideen einer relativ behutsamen Erneuerung wertvoller altstädtischer Quartiere weiter. Diese Ideen und vor allem die baulichen Projekte Giovannonis sind sicher sehr widersprüchlich. Sein 1931 publiziertes Werk Vecchie Città ed Edilizia Nuova – wenngleich in Deutschland weitgehend unbekannt – gehört dennoch zu den bedeutendsten Grundlagentexten des Städtebaus der Zwischenkriegszeit in Europa. Unter seinem Einfluss wurden behutsamere Strategien der Stadterneuerung erprobt – auch in Rom.

Interessant ist schließlich die Frage nach dem Standort eines neuen Machtzentrums: innerhalb des Gebietes der Altstadt, anstelle der Altstadt oder neben der Altstadt? In dieser Schlüsselfrage unterschieden sich die Pläne der Diktaturen stark. In Rom war der Standort des künftigen Machtzentrums während der 1920er Jahre noch sehr umstritten. De facto entwickelte sich die Piazza Venezia zum Nabel des faschistischen Regimes. Das wurde nach der Ausrufung des faschistischen Imperiums auch durch die Namensgebung unterstrichen: Der durch Abrisse geschaffene riesige Platz erhielt den Namen Foro dell'Impero Fascista. Mit dieser Wahl waren die Würfel endgültig gefallen: Das historische Zentrum blieb auch – nach zahlreichen Abrissen – das Zentrum des faschistischen Roms.

In Moskau waren die Verhältnisse klarer: Das Herz des neuen Zentrums von Moskau war zugleich das alte Zentrum: der Kreml. Es sollte aber erweitert werden – zu einer Art Doppelzentrum. Der geplante Sowjetpalast in unmittelbarer Nähe des Kreml war ja nicht nur ein riesiges, die Altstadt negierendes Bauprojekt, er hatte auch eine oft unterschätzte städtebauliche Funktion: Der Riesenbau implizierte eine Unterordnung nicht nur des Zentrums, sondern der gesamten städtebaulichen Struktur Moskaus unter einen einzigen Taktstock, eben den Sowjetpalast. Damit war ein neuer Typ diktatorischen Städtebaus begründet: eine Art neobarocker Städtebau mit einem eindeutigen zentralen Punkt, der baulich in theatralischer Form hervorgehoben wurde. In Berlin negierten die neuen nationalsozialistischen Machthaber das gesamte überkommene Zentrum; sie wollten ein neues Zentrum neben dem historischen Zentrum bauen, entlang einer neuen monumentalen Nord-Süd-Achse im Westen des Brandenburger Tores. In Lissabon wie Madrid blieben die Zentren der Macht unverändert.

Wohnungsbau: Urbanisierung der Mittelschichten, Desurbanisierung der unerwünschten Schichten

Die Diktatoren, so heißt es oft, waren Feinde der Großstadt und wollten die Großstädte zerschlagen. In der Tat vertiefte sich im Zuge der Weltwirtschaftskrise in allen westlichen Ländern eine großstadtfeindliche Grundhaltung, auch und vor allem in den USA. Und nicht nur die Diktaturen förderten die Binnenkolonisation und damit den ruralen Städtebau. Allerdings ist es bei näherem Hinsehen gar nicht so eindeutig, dass die diktatorischen Regime die Großstadt zerschlagen wollten. Und erst recht nicht die Hauptstädte.

Der Städtebau im faschistischen Italien sollte nach Aussagen Mussolinis vorrangig der Desurbanisierung, der Entvölkerung der großen Städte dienen. Unter dem Mantel der antiurbanen Propaganda Mussolinis vollzog sich aber tatsächlich eine gezielte Aufwertung der Städte. Vor allem in Rom orientierte die Planungspolitik jenseits der großen Worte auf ein starkes Stadtwachstum. Man darf hier nicht nur auf Zahlen, auf Quantitäten achten. Was Mussolini anstrebte und was ihm auch weitgehend gelang, das war ein außerordentliches gesellschaftspolitisches Konzept: die Urbanisierung der staatstragenden Mittelschichten. Diese wurden durch die Bereitstellung von attraktivem Wohnraum in Form von kompakten Stadterweiterungen an das Regime gebunden. Da zugleich die Modernisierung der Zentren, die Citybildung, treibhausmäßig gefördert wurde, bot das Regime den von der Diktatur profitierenden sozialen Schichten Wohnungen wie Arbeitsplätze in einem urbanen Umfeld. Ein Beispiel hierfür ist das Quartier Savoia um die Piazza Verbano. Ein herausragendes Beispiel ist das Quartier Garbatella – ein einzigartiges Beispiel eines neuen urbanen Viertels mit einer Vielfalt an öffentlichen Räumen und architektonischen Formen, das – im Süden Roms gelegen – jedoch zunächst noch sehr isoliert war.

Auch in der Sowjetunion sollte, das wird immer wieder betont, die Zuwanderung in die großen Städte begrenzt werden. Zugleich wurde in der Sowjetunion Stalins während der 1930er Jahre ebenfalls eine Städtebaupolitik der Urbanisierung der Eliten verfolgt. In diesem Kontext entstanden Wohnpaläste für privilegierte Bevölkerungsschichten, die zugleich vom Ende des experimentellen Wohnungsbaus kündeten, zu denen etwa der Narkomfin-Gebäudekomplex aus den späten 1920er Jahren gehörte. Eine vergleichbare Haltung entwickelte das nationalsozialistische Deutschland nicht. Die großen kompakten, allerdings kaum mehr realisierten Wohnungsbauprojekte zielten hier – noch ein wenig in der Tradition der Weimarer Republik – auf einen egalitären Massenwohnungsbau – freilich nur für die „Volksgemeinschaft". Die Wohnungsbauprojekte der nationalsozialistischen Zeit in den großen Städten orientierten auf eine uniformierte Stadt, die für privilegierte Deutsche nicht sonderlich attraktiv war. Darüber hinaus versorgten besondere Wohnanlagen – wie in anderen Diktaturen auch – besondere gesellschaftliche Gruppen, wie etwa die Invalidensiedlung im Norden Berlins.

Obwohl in Spanien nach Ende des Bürgerkriegs erhebliche Anstrengungen zur Entwicklung der ländlichen Gebiete unternommen wurden, erhielt auch die Hauptstadt im Zuge eines öffentlichen Bauprogramms einige urbane Wohnungskomplexe wie der Barrio Niño Jesús und den Poblado San Cristobal del Parque Móvil de Ministerios, die an die loyalen Mittelschichten adressiert waren. Dagegen wurden in Lissabon ganze urbane Stadtviertel von erstaunlicher Qualität errichtet, etwa den Bairro Azul und die Bebauung entlang der Avenida Guerra Junqueiro, und zwar durch private Investoren im Rahmen städtebaulicher Regeln der öffentlichen Hand. Dazu kam ein bemerkenswerter neuer urbaner Stadtteil im Norden der Stadt, der von der öffentlichen Hand gefördert wurde: Alvalade.

Die in den 1920er Jahren in Rom und in den 1930er und 1940er Jahren in Lissabon, Madrid und Moskau entwickelten urbanen Wohnanlagen markieren einen dritten Weg neben dem suburbanen Siedlungsbau und den proletarischen Festungen des Roten Wien, sie sind daher von europäischer Bedeutung, auch wenn sie im Ausland kaum bekannt sind.

Was ebenfalls oft übersehen wird, ist eine weitere Facette des Städtebaus dieser Zeit: Armensiedlungen in einer doppelten Ausprägung – „illegale" Elendssiedlungen und offizielle Baracken- oder Schlichtsiedlungen. Dazu kamen – vor allem in Berlin und Moskau – Zwangsarbeitersiedlungen. In Lissabon, Madrid und Rom waren illegale Elendssiedlungen nicht nur weit verbreitet, sondern auch ein großes Thema. Um diese Siedlungen zu beseitigen, wurden offizielle Ersatzsiedlungen – oft in Schlichtbauweise – errichtet. Solche Siedlungen wurden in den Propagandapublikationen in der Regel nicht präsentiert, und sie werden auch heute noch wenig gezeigt. In der Sowjetunion waren die neuen Städte in großem Umfang Barackenstädte. Auch Berlin war in der nationalsozialistischen Zeit in erheblichem Umfang eine Barackenstadt, in der oft Zwangsarbeiter untergebracht waren. Zwangsarbeit war ein wichtiger Aspekt der Produktionsverhältnisse des diktatorischen Städtebaus, aber keineswegs in jeder Diktatur: In Italien gab es keine mit der Sowjetunion, dem nationalsozialistischen Deutschland und dem franquistischen Spanien vergleichbare Zwangsarbeit, nicht einmal in den Kolonien. In Portugal war Zwangsarbeit in den Kolonien verbreitet. Im Mutterland ist der Einsatz von Strafgefangenen nur beim Bau des Estádio Nacional do Jamor dokumentiert. Weit bekannter als die deutschen und sowjetischen Barackensiedlungen sind jedoch die italienischen borgate. In diese meist trostlosen Siedlungen wurden unerwünschte mittellose Immigranten oder aus der Innenstadt verdrängte Stadtarme einquartiert, vor allem im Umland von Rom. Desurbanisierung bedeutete in Italien de facto: Verdrängung nicht erwünschter sozialer Schichten aus der Stadt.

Große Infrastrukturbauten: Universitätsstädte, Sportstädte, Anlagen des öffentlichen Verkehrs, Parkanlagen

Dass in der Ära der Diktaturen umfangreich in den Neu- und Ausbau der Infrastruktur investiert wurde, wird oft ausgeblendet. Denn dies passt nicht in das gerne gezeichnete Bild einer rückwärtsorientierten, starren, nur auf Prunk und Pomp ausgerichteten Diktatur. Die großen Infrastrukturbauten waren nicht nur ein Zeichen einer widersprüchlichen Modernisierung der diktatorisch regierten Staaten, sie strukturierten auch die neue regionale Dimension der Großstädte, vor allem der Hauptstädte. Errichtet wurden Anlagen vor allem der sozialen wie verkehrlichen Infrastruktur, aber auch der stadttechnischen Infrastruktur wie etwa das Kesselhaus des Heizkraftwerks von Moskau.

Von herausragender Bedeutung war der Ausbau der sozialen Infrastruktur, vor allem der Bau von Hochschulen. Denn die Diktaturen benötigten dringend neue, selbst herangezogene Eliten, um von den Eliten der Zeit vor der Diktatur unabhängiger zu werden. Universitätsstädte waren neben Schulen, Sportanlagen und Krankenhäusern zentrale Aufgaben des diktatorischen Städtebaus. Erinnert sei nur in Lissabon an die neue Technische Hochschule (Instituto Superior Técnico) und die neue Universität, in Rom und in Madrid an die jeweilige „Universitätsstadt" und in Moskau an die berühmte Lomonossow-Universität. In Berlin wurde auch eine Universitätsstadt geplant, aber nie realisiert. Große Krankenhäuser wurden in Rom (etwa der Ospedale del Littorio und der Istituto Carlo Forlanini) und in Lissabon (das von einem deutschen Architekten entworfene Universitätskrankenhaus Hospital de Santa Maria) gebaut. Die Sportstadt in Rom, das Foro Mussolini, war ein Modell von europäischer Bedeutung, Beispiel eines landschaftsbezogenen Städtebaus hoher Komplexität. Allerdings findet sich dort auch der vielleicht faschistischste aller faschistischen Orte: der 1937 angelegte Piazzale dell'Impero. In Berlin entstand eine ausgedehnte Sportstadt anlässlich der Olympischen Spiele 1936, in Lissabon wurde mit deutscher Planungshilfe das Estádio Nacional do Jamor, eine westlich von Lissabon gelegene Sportstadt, 1944 eröffnet. In Madrid war das Nuevo Estadio Chamartín, heute Estadio Santiago Bernabéu, 1947 fertig gestellt.

Was die Verkehrsinfrastrukturen betrifft, so waren diese ein Kernpunkt des diktatorischen Programms zur Modernisierung des Landes. Von großer Bedeutung war der Ausbau oder Neubau von Flughäfen in den Hauptstädten, etwa der Flughafen Tempelhof in Berlin und die Flughäfen Aeroporto da Portela und Aeropuerto Barajas in Lissabon und Madrid. Erinnert sei weiter an die Moskauer Untergrundbahn – ein Hauptwerk des Städtebaus in Moskau. Auch der Bau des Moskva-Volga-Kanals muss hier genannt werden. In Berlin konzentrierten sich die nationalsozialistischen Machthaber auf den Bau eines Autobahnrings, aber auch auf die Neuorganisation der großen Bahnhöfe. Rom war hier kein Vorreiter. Der geplante Bau einer Untergrundbahn kam in der Zeit des Regimes nicht weit voran, der Bau eines neuen Hauptbahnhofs war allerdings bereits weit fortgeschritten.

Zu einer schlichten, zu einfachen Deutung des diktatorischen Städtebaus gehört auch die Vermutung, die Regime hätten sich nicht um das Stadtgrün gekümmert. Gerade das Gegenteil war der Fall. Der berühmteste, aber keineswegs der einzige Park in Moskau war der zentrale Gorki-Park für Kultur und Erholung. In Rom schuf Raffaele De Vico zahlreiche neue Parks, darunter den Parco Virgiliano in der Nähe der Piazza Verbano. Viele dieser Parks sind heute in einem schlechten Zustand. Im Westen Lissabons entstand 1934 mit dem Parque Florestal de Monsanto eine der größten europäischen Parkanlagen des 20. Jahrhunderts. In Madrid wurde der im Bürgerkrieg verwüstete Parque del Oeste während der 1940er Jahre neu geschaffen. Nur in Berlin gab es kein vergleichbares Großprojekt.

Neuordnung der Großstadtregion

Die Zwischenkriegszeit war nicht nur die Geburtsstunde der Regional- und Landesplanung, sondern auch eine Zeit der umfassenden Neuorganisation der Peripherie der großen Städte. Während der Diktaturen waren vor allem die Hauptstädte mit ihrem Umland Gegenstand der – oft gescheiterten – großräumigen Planung, aber auch eine Bühne für neue Großprojekte, die die Hauptstadtregion de facto neu ordneten.

Regelrechte Großraumplanungen, die die Stadtgrenzen deutlich überschritten, gab es in allen Hauptstädten. Der Generalbebauungsplan von Moskau erweiterte das Hauptstadtgebiet erheblich. Neue Einrichtungen von stadtregionaler Bedeutung wie etwa das Gelände der All-Unions-Landwirtschaftsausstellung oder der nördliche Flusshafen am Moskva-Volga-Kanal wurden weit außerhalb der Innenstadt angelegt. In Berlin war es vor allem der Autobahnring sowie zahlreiche Industrieansiedlungen und neue Werkssiedlungen, die die Umlandkommunen drastisch veränderten. Das ambitionierte Rathaus von Hohen Neuendorf nördlich von Berlin kündet noch heute von dieser neuen stadtregionalen Orientierung. In Rom waren es kleine Neustädte wie Colleferro oder Guidonia, aber auch die Anlage neuer Institutionen wie Cinecittà, die dem Großraum eine neue Bedeutung gaben. Vor allem zielte der regionale Städtebau auf eine Verbindung von Rom und dem Meer, die durch Großprojekte wie dem Weltausstellungsgelände (Esposizione Universale di Roma – EUR), den Ausgrabungen in Ostia Antica und der Erholungsstadt Ostia Nuova vorangetrieben wurde. In Lissabon waren es Sportanlagen, der Ausbau von Erholungsorten wie Estoril und Cascais sowie die Entwicklung des südlichen Tejo-Ufers, die den Großraum umstrukturierten, in Madrid prägten neue Triumphorte des Franquismus wie Toledo, Brunete und das Tal der Gefallenen das Umland.

Gefördert wurde diese stadtregionale Entwicklung durch den Ausbau der Verkehrsinfrastruktur, vor allem durch neue Straßen und neue Schnellbahnen. Aber auch Flughäfen veränderten die Hauptstadtregionen, in Lissabon zudem der Ausbau des Flusshafens.

Ausstellungen: Schalltrichter städtebaulicher Propaganda

Städtebau war immer auch ein Medium der Propaganda, ein Versprechen einer besseren Zukunft, eine Erinnerung an frühere Größe, Teil der Werbung für das gesellschaftliche Programm einer Diktatur. Dafür dienten nicht nur gebaute Projekte, sondern auch – in allen Diktaturen – gezeichnete Projekte, die nie gebaut wurden. Dafür dienten auch große Ausstellungen, die durch ihren eigenen Städtebau oder durch die in ihren Hallen präsentierten städtebaulichen Projekte um Bewunderung warben.

Berühmt in diesem Zusammenhang ist die Weltausstellung in Paris 1937, auf der sich das nationalsozialistische Deutschland, die stalinistische Sowjetunion, das faschistische Italien und Salazars Portugal beinahe auf die Füße traten. Bekannt sind auch die großen Ausstellungen in Moskau, Rom und Lissabon: die 1939 eröffnete sowjetische All-Unions-Landwirtschaftsausstellung, die Ausstellung der Portugiesischen Welt am Tejo 1940 und die (nie realisierte) faschistische Weltausstellung 1942 südlich von Rom. Dazu kamen zahllose weitere Ausstellungen.

Von besonderer Bedeutung ist eine Wanderausstellung, die in Berlin von Rudolf Wolters im Auftrag Albert Speers gestaltet wurde: die Ausstellung Neue Deutsche Baukunst, die erst jüngst durch ein Buch von Jörn Düwel und Niels Gutschow wieder die ihr gebührende Aufmerksamkeit erhalten hat. Die vom

Auswärtigen Amt in Zusammenarbeit mit dem Reichsministerium für Propaganda und Volksaufklärung sowie dem Generalbauinspektor für die Neugestaltung der Reichshauptstadt verantwortete Ausstellung wurde in den Jahren 1940 bis 1943, also mitten im Zweiten Weltkrieg, in Lissabon und Madrid gezeigt, aber auch in Belgrad, Sofia, Budapest, Kopenhagen, Barcelona, Ankara, Istanbul und Izmir, nicht aber in Rom. Besucht wurde sie wohl von etwa 400.000 Besuchern insgesamt, davon allein 100.000 in Lissabon.

In der Ausstellung Neue Deutsche Baukunst waren fast ausschließlich öffentliche Repräsentationsbauten im Scheinwerferlicht. Durch die Reduktion auf „Bauten der Gemeinschaft" wurden andere Bauaufgaben – bewusst, wie die Aufzeichnungen von Wolters in Lissabon zeigen – vernachlässigt, etwa und insbesondere der Wohnungsbau: „Die allerbeste Deutsche Propaganda, das kann mir jeder im Ausland bestätigen, ist jedenfalls der militärische Sieg. Dieser imponiert bei Freund und Feind. Mit der Architektur ist es insofern ähnlich, als auch die großen Bauten in entsprechenden Modellen gezeigt eine viel bedeutendere und größere Wirkung haben, als irgendwelche soziale Einzelheiten."

Resümee

In allen Diktaturen stand der Städtebau für die Hauptstadt an allererster Stelle. Die Hauptstadt diente als Schaufenster jeder Diktatur nach Innen wie Außen. Zu diesem Zweck wurden realisierte Projekte aufwändig inszeniert und geplante Projekte beeindruckend präsentiert – auch und vor allem durch Ausstellungen. In der Hauptstadt wurde das gesellschaftspolitische Projekt einer Diktatur sichtbar gemacht, der Inhalt dieses Projekts wie auch die Fähigkeit, ein solches Projekt effektiv umzusetzen.

Innerhalb der Hauptstädte rückte der Umbau des Zentrums in den Vordergrund. Die Zentren ermöglichten die vielschichtigste Demonstration des gesellschaftspolitischen Projekts: die Verbindung von konstruierter großartiger Vergangenheit und versprochener besserer Zukunft. In den Zentren konnte die beschworene historische Größe des Landes durch die Isolierung von historischen Zeugnissen vorgeführt werden, aber auch das Versprechen einer glänzenden, modernen Zukunft, einer neuen imperialen Größe. Für beides mussten große Teile der überkommenen Altstädte weichen.

In den Hauptstädten kam dem Wohnungsbau eine entscheidende gesellschaftspolitische Rolle zu. Denn im Wohnungsbau wurde die geplante soziale Differenzierung besonders deutlich sichtbar, die Bevorzugung und Benachteiligung unterschiedlicher sozialer Schichten. Für die loyalen Mittelschichten wurden urbane, kompakte, bis heute attraktive Wohnanlagen geschaffen, für die

Unterschichten lagerartige Siedlungen. Dazu gab es „illegale" Elendssiedlungen und Zwangsarbeiterlager. Die neuen Eliten wurden urbanisiert, die unerwünschten Schichten desurbanisiert und kaserniert.

In den Hauptstädten konzentrierten sich die Investitionen zur Modernisierung der sozialen Infrastruktur, der Bildungs-, Gesundheits-, Sport- und der Verkehrsinfrastruktur, die den loyalen Mittelschichten zugute kamen und deren Konsens förderten. Hier fanden sich neue Universitätsstädte, Sportstädte, Gesundheitsstädte, aber auch große Grünanlagen und neue Verkehrsanlagen.

Seine komplexeste Form erhielt der hauptstädtische Städtebau im regionalen Maßstab. Neue Großprojekte außerhalb der Grenzen der Stadt und neue Verkehrsinfrastrukturen, die diese Projekte mit der Stadt verbanden, veränderten die Hauptstadtregionen grundlegend.

Dennoch unterschied sich der Städtebau für die Hauptstädte der europäischen Diktaturen auch unübersehbar – hinsichtlich der Art und Weise, wie sich die Diktaturen ins Stadtbild setzten, wo und wie sie ihre Zentren platzierten und formten, wie sie den Wohnungsbau förderten, verorteten, gestalteten und adressierten, welche Rolle die Kirche übernahm, wie die heroische Vergangenheit des eigenen Landes inszeniert wurde, wie die Stadtregion strukturiert wurde, wie die Suche nach einem eigenen Städtebau und dessen Realisierung organisiert wurde, welche professionellen und materiellen Ressourcen zur Verfügung standen, welche ausländischen Einflüsse wirksam wurden.

Der Städtebau der Diktaturen für die Hauptstädte ist aber nicht nur ein historisches, sondern immer auch ein aktuelles Thema. Die städtebaulichen Produkte der Diktaturen erinnern noch heute an die diktatorische Herrschaft. Die Diskussionen darüber sind nolens volens immer in den aktuellen Stand der gesellschaftlichen Auseinandersetzung mit Diktaturen eingebettet, sie spiegeln unsere zeitgenössische Kultur wider. Beispiele hierfür sind unter vielen anderen der Guernicaplatz in Berlin, die Travertinsäulen für den Berliner Mussoliniplatz in Stuttgart, die Berliner historische Mitte insgesamt, die vielen Bauten und Straßen der 1930er Jahre im historischen Zentrum von Rom, die Nutzung des Palazzo della Civiltà Italiana auf dem Gelände der geplanten Weltausstellung in Rom durch Fendi, das Kastell St. Georg und der Platz des Imperiums vor dem Hieronymitenkloster in Lissabon, das Tal der Gefallenen bei Madrid, die Großbauten der Stalinzeit, der Skulpturenpark in der Nähe der Neuen Tretjakow-Galerie und der neue „Triumphpalast" in Moskau.

Die wissenschaftliche Auseinandersetzung mit dem diktatorischen Städtebau ist besonderen Erwartungen ausgesetzt. Sie muss ergebnisoffen erfolgen, sie muss sich von vereinfachten und verkürzten Deutungen befreien, um die Herausbildung und Stabilität von Diktaturen verstehen zu können. Sie muss sich vorrangig auf die Besonderheiten, auf die Unterschiede der Diktaturen konzentrieren, um auf dieser Grundlage erst angemessen differenziert deren Gemeinsamkeiten diskutieren zu können.

Mit Blick auf den Städtebau können wir sehen, wie Diktaturen funktionierten, wie sie gesellschaftliche Gruppen ausgrenzten bzw. einbanden, warum sie in ihrer Zeit erfolgreich waren und Anerkennung fanden, ein wenig auch, warum sie sich überhaupt durchsetzen konnten.

> Für Anmerkungen und Kritik im Rahmen der Vorbereitung dieser Publikation danke ich Christine Beese, Ursula Bodenschatz, Thomas Flierl, Tilman Harlander, Christian von Oppen, Piero Sassi, Daniela Spiegel und Max Welch Guerra. Darüber hinaus bin ich weiteren Kolleginnen und Kollegen zu Dank verpflichtet, ohne deren grundlegende Arbeiten meine Forschungen nicht möglich gewesen wären. Dazu gehören Katrin Albrecht, Uwe Altrock, Dieter Bartetzko, Franz Bauer, Ingrid Brock, Jean-Louis Cohen, Giorgio Ciucci, Cesare De Seta, Ainhoa Díez de Pablo, Sonja Dümpelmann, Jörn Düwel, Werner Durth, Gerhard Fehl, Bruno Flierl, Hartmut Frank, Katia Frey, Ulrike Gawlik, Johannes Geisenhof, Benedikt Goebel, Niels Gutschow, Elisabeth Hiss, Håkan Hökerberg, Harald Kegler, Evgenija Konyševa, Luís Eugénio da Silva Lage, Vittorio Magnago Lampugnani, Patrick Leech, Jean-François Lejeune, Philipp Meuser, Gonçalo Canto Moniz, Giorgio Muratore, Sylvia Necker, Winfried Nerdinger, Maria Luisa Neri, Eliana Perotti, Christiane Post, Carlos Sambricio, Sandro Scarrocchia, Wolfgang Schäche, Álvaro Sevilla Buitrago, Jo Sollich, Wolfgang Sonne, Hans Stimmann, Ana Tostões, Klaus Tragbar, Ulisse Tramonti, Dorothea Tscheschner, Ursula von Petz, Olga Zinovieva und viele, viele mehr.

Blicke auf Berlin, Rom, Lissabon, Moskau, Madrid
Fotos von Harald Bodenschatz

Die folgenden Fotos folgen keiner strengen Systematik. Sie verweisen jedoch auf ein vielschichtiges Verständnis von Städtebau und Diktatur: Neben realisierten oder zerstörten städtebaulichen Formen sowie Gebäuden, Gebäudedetails und öffentlichen Räumen von städtebaulicher Bedeutung werden auch gesellschaftliche Programme, Projekte, Ausstellungen und Medien angesprochen, die dem Städtebau der Diktaturen dienten oder diesen befeuerten, ebenso Akteure und Adressaten, nicht zuletzt auch Wirkungen, Wertungen und bauliche wie künstlerische Umgangsformen bis heute. Dabei zeigen sich immer wieder internationale Zusammenhänge: Städtebau und Diktatur – das ist nicht nur und nicht in erster Linie ein nationales Thema. Die Bilder sprechen nicht immer für sich, sie verbergen oft ihre Hintergründe, die erst in Worten deutlicher werden. Fotos und Texte ergänzen sich, jeweils isoliert bleiben sie blass. Alle Fotos sind in den letzten sieben Jahren im Kontext der Forschungen zum Städtebau in der stalinistischen Sowjetunion, im faschistischen Italien, im franquistischen Spanien, in Salazars Portugal und nicht zuletzt im nationalsozialistischen Deutschland entstanden.

Berlin I

Invalidensiedlung in Berlin-Frohnau, errichtet 1937/1938.
Foto: 12.01.2014

Die streng axiale Ordnung der denkmalgeschützten Gruppe von Wohnhäusern mit Klinkerfassade in Form eines Stadions kontrastiert wirkungsvoll mit dem parkartigen Freiraum, deren Zentrum ein lang gestreckter, tiefer gelegter Grünraum bildet. Um die zentrale Achse sind zwei Gebäudeschalen mit gegeneinander versetzten Häusern angeordnet, die jeweils Gruppen bilden. Die Siedlung wurde 1938 im Auftrag der deutschen Wehrmacht errichtet und der Stiftung Invalidenhaus Berlin übereignet. Die immer noch existierende Stiftung hat laut Satzung die Aufgabe, „rentenberechtigten Kriegsbeschädigten in der Invalidensiedlung Wohnraum zur Verfügung zu stellen". Sie wird heute vom Landesamt für Gesundheit und Soziales (LAGeSo) verwaltet. Auf der Website der Stiftung heißt es unter dem Stichpunkt „Geschichte": „Vor etwa 70 Jahren zog die Stiftung Invalidenhaus Berlin nach Frohnau um. Ihre soziale Bedeutung hat diese Siedlung nicht verloren. Heute wird die Invalidensiedlung Schritt für Schritt liebevoll restauriert und zu Wohnzwecken für Menschen mit Handycap angeboten. Der malerisch gelegene Gebäudekomplex besteht aus ca. 49 Mehrfamilienhäusern mit 180 Wohnungen und einem Gemeinschaftshaus, die nach und nach barrierefrei ausgestattet werden. Mit der Modernisierung wird der Standard weitgehend dem sozialen Wohnungsbau angepasst. Der historische Baustil, umgeben von altem Baumbestand wird Sie begeistern, wenn Sie Nostalgie und Natur lieben."

Berlin II

Guernica-Platz an der Spanischen Allee in Berlin-Zehlendorf,
so genannt seit 1998.
Foto: 26.03.2016

Nur wenige wissen, dass die Spanische Allee ihren Namen erst anlässlich der Jubelfeiern zu Ehren der Legion Condor am 5. Juni 1939 erhalten hat, also zu einem Zeitpunkt, als die Elitetruppe der deutschen Wehrmacht gerade aus Spanien zurückgekehrt war. Dort hatte sie, zusammen mit Streitkräften des faschistischen Italien, 1937 zur Unterstützung der Putschisten um General Franco den heiligen Ort der Basken, *Gernika*, auf Spanisch *Guernica*, ausgelöscht – die erste Zerstörung einer historischen Stadt im Vorfeld des Zweiten Weltkriegs und ein über Jahrzehnte in Deutschland verdrängtes Kriegsverbrechen. Pablo Picasso hat dieses Ereignis für den spanischen Pavillon auf der Weltausstellung in Paris 1937 verewigt. In den 1990er Jahren bildete sich in Berlin eine Initiative mit dem Ziel, dass das nun vereinigte Deutschland sich beim baskischen Volk formal entschuldigt. Zugleich wurde an den Hintergrund des Straßennamens erinnert. Bundespräsident Roman Herzog holte anlässlich des 60. Jahrestages der Bombardierung diese Entschuldigung nach. Seit einem Beschluss der Bezirksverordnetenversammlung Zehlendorf aus dem Jahre 1998 heißt eine nicht gerade bedeutende Straßenkreuzung an der Spanischen Allee Guernicaplatz. Das erklärende Gedenkschild wird langsam durch das ungepflegte Gestrüpp überwuchert.

Berlin III

Travertinsäulen an der Neckartalstraße in Stuttgart, gefertigt 1937.
Foto: 13.12.2014

Im Schatten eines Müllkraftwerks erheben sich an einer verkehrsreichen, fußgängerfeindlichen Straße in Stuttgart ohne jeden Hinweis 14 Säulen in dorischer Ordnung, die von dem benachbarten Steinbruchunternehmen Lauster produziert worden waren. Die Säulen waren 1936 für ein Denkmal auf dem von Albert Speer entworfenen Mussoliniplatz (seit 1933 Adolf-Hitler-Platz, heute Theodor-Heuss-Platz) an der Ost-West-Achse in Berlin bestellt, aber nie abgeholt worden. Sie sollten das Unterschoß des etwa 45 Meter hohen Denkmals bilden, das durch eine 11 Meter hohe Skulptur von Arno Breker, genannt „Bereitschaft", gekrönt werden sollte. Heute stehen die Säulen unter Denkmalschutz.

Berlin IV

Autogerechter Freiraum am ehemaligen Mittelpunkt von Alt-Berlin (Molkenmarkt), vorbereitet durch das Amt für Stadtplanung im Rahmen der Sanierung des so genannten Mühlendamm-Geländes, 1936.
Foto: 21.10.2010

Wo einmal die Wiege Berlins war, erstreckt sich heute der unwirtlichste Ort der Mitte, ein Riesenplatz zwischen Rotem Rathaus und Stadthaus, ein gewaltiger frei geräumter Raum, durch den sich der Autoverkehr wälzt und der die Mitte zerstückelt, statt sie zu verbinden. Begründet wurde dieser Ort im Rahmen der Altstadtsanierung der frühen NS-Zeit. Vor und parallel zum Generalbauinspektor Speer (institutionalisiert am 30.01.1937) bereitete die Stadt Berlin einen großflächigen Umbau der südlichen Altstadt vor. Kern der Umgestaltung war ein riesiger neuer Molkenmarkt, der nach umfangreichem Kahlschlag an die Stelle des kleinen mittelalterlichen Molkenmarktes treten sollte. Um die Nikolaikirche herum war eine Art Museumsquartier vorgesehen. Dort sollten historische Bauten, die an anderer Stelle der alten Stadt abgebrochen wurden, rekonstruiert werden. Kaum bekannt ist, dass ein Teil dieser gewaltsamen Pläne auch umgesetzt wurde. Für den Umbau des südlichen Alt-Berlin wurde dort flächendeckend abgerissen. Heute erheben sich hier Neubauten der NS-Zeit, etwa die Reichsmünze. Auch der alte Mühlendamm wurde beseitigt und durch eine Notbrücke ersetzt. Gleichzeitig wurde das Ephraimpalais abgetragen, weil es einer neuen Straße im Wege stand. Damit wurde der radikal autogerechte Ausbau der Berliner Mitte eingeleitet. Eine solche Planung konnte nur durch den Zugriff auf privates Grund- und Hauseigentum durchgesetzt werden. Zahlreiche jüdische Grundstücke sind während der NS-Zeit in der Mitte Berlins durch unterschiedliche Verfahren geraubt worden. Diese Vorgänge wurden erst in den letzten Jahren erhellt, vor allem durch die Ausstellung „Geraubte Mitte" (2013). Dort wurde erstmals gezeigt, wie viele und welche jüdischen Grundstücke gewaltsam enteignet worden sind. Heute ist ein halbherziger Rückbau des unwirtlichen Freiraums geplant, der noch keinen wirklichen Abschied von einem autogerechten Zentrum erkennen lässt.

Berlin V

Rathaus von Hohen Neuendorf im nördlichen Umland von Berlin,
eröffnet 1936.
Foto: 28.03.2016

Vor allem in den 1930er Jahren wurde das Berliner Umland tief greifend verändert. Neue Betriebe und Siedlungen entstanden, die Verkehrswege wurden ausgebaut. Im Rahmen einer umfassenden stadtregionalen Planung wurden riesige neue Wohngebiete projektiert. Der erweiterte Stadtraum sollte durch einen Autobahnring umschlossen werden, dessen Bau bereits Mitte der 1930er Jahre begonnen hatte. Auch das Gebiet nördlich von Berlin, zwischen Frohnau und Oranienburg, wurde entwickelt. In Hohen Neuendorf entstand ab 1934 die Osramsiedlung, und 1935 erhielt der Architekt Wilhelm Büning, der während der Weimarer Republik am Bau der Weißen Stadt in Reinickendorf beteiligt war, den Auftrag, ein neues Rathaus zu entwerfen. Geplant war aber nicht nur ein Rathausbau, sondern weitere Nebenbauten, die einen kleinen Platz gebildet hätten, der „bei festlichen Anlässen" als „Aufmarschplatz" hätte dienen sollen. Das Modell dieses Großkomplexes wurde 1937 auf der Kurmarkschau in Frankfurt an der Oder gezeigt. Der geplante Rathauskomplex, eine „kleine Stadt für sich", ein Modell für ein politisches Zentrum im Umland von Berlin, wurde nicht ausgeführt. Heute erhebt sich das Rathaus vereinsamt hinter einer großen Wiese, in unmittelbarer Nähe wurde nach der Wiedervereinigung ein Shopping Center errichtet – ein Zeichen unserer Zeit.

Rom I

Wohnbauten im Vorort Garbatella,
entstanden vor allem zwischen 1923 und 1930.
Foto: 01.09.2009

Garbatella, ein Viertel des sozialen Wohnungsbaus aus den 1920er Jahren im Süden der Altstadt, unweit von der berühmten Kirche *San Paolo fuori le Mura* gelegen, findet in den Reiseführern der „ewigen Stadt" kaum Beachtung. Ursprünglich für Arbeiter der Fabriken, Gaswerke und Großmärkte an der *Via Ostiense* gedacht, hat es seinen Ruf als einfaches Viertel bis vor kurzem erhalten. *Garbatella* zeigt eine außerordentliche Vielfalt der Architektur, ein buntes Nutzungsspektrum und markante Straßen wie Plätze – Zeugnis der Arbeit vieler Architekten unterschiedlichster gestalterischer Orientierung. Diese Vielfalt sowie der abwechslungsreiche Städtebau erwecken den Eindruck, als ob *Garbatella* über längere Zeit gewachsen sei. In der Tat gab es keinen Gesamtplan, sondern eine Folge von Teilplanungen. Heute ist das attraktive Quartier in einem Aufwertungsprozess begriffen, der besondere soziale Charakter droht verloren zu gehen.

Rom II

Piazza Navona, Nordkurve, geplant 1935, fertig gestellt 1938.
Foto: 25.08.2011

Die *Piazza Navona* gilt als eine der bedeutendsten barocken Platzschöpfungen überhaupt und ist ein Hauptziel des Tourismus in Rom. Dass die Nordrundung dieses Platzes ein durch Arnaldo Foschini geplantes städtebauliches Projekt der Mussolini-Zeit ist, bleibt den meisten Besuchern verborgen. Sie ist das Ergebnis einer der größten Abrissplanungen im historischen Zentrum während der 1930er Jahre, der auch die Bauten im Norden der *Piazza Navona* zum Opfer fielen. Ziel der Planung war es, mit dem Durchbruch des *Corso del Rinascimento* östlich der *Piazza* den Autoverkehr in Nord-Süd-Richtung zu verbessern. Dass dieser massive Eingriff auf der *Piazza Navona* selbst so wenig zu spüren ist, liegt vor allem an der Gestaltung der dortigen Neubauten: Nur die Fassaden in Richtung Norden wurden im strengen Stile der späten 1930er Jahre errichtet, wohingegen die Fassaden nach Süden hin in traditioneller Gestalt rekonstruiert wurden, um sich dem Gesamtbild der *Piazza* unterzuordnen. Unter den Neubauten wurden Reste des ehemaligen römischen Stadions aus der Zeit des Domitian sichtbar gemacht, dessen charakteristische Form die *Piazza Navona* bis heute prägt.

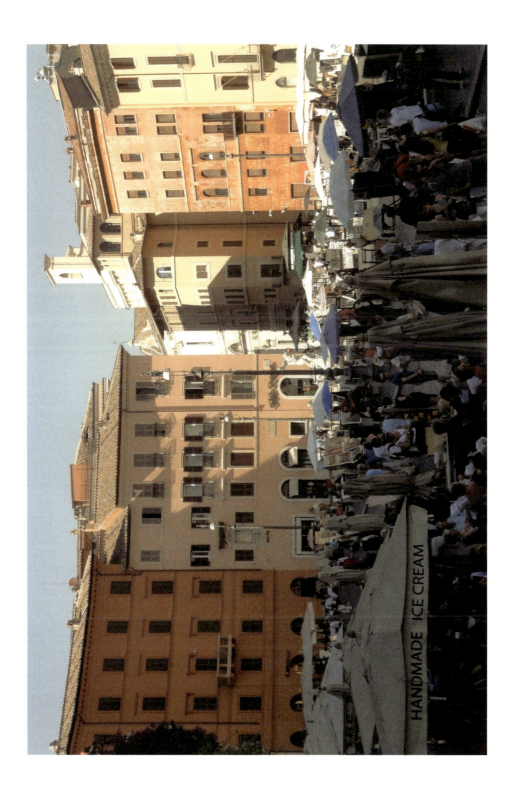

Rom III

Palazzo della Civiltà Italiana, errichtet 1938-1943.
Foto: 23.05.2015

Das Quartier für die im Jahre 1942 geplante Weltausstellung in Rom (*Esposizione Universale di Roma – EUR*), war das letzte städtebauliche Großprojekt des faschistischen Regimes. Es ist heute eines der angesehensten und attraktivsten Stadtteile Roms. Der Leitbau des EUR-Quartiers, der Palazzo della *Civiltà Italiana*, sollte an prominenter Stelle, auf dem höchsten Punkt des Ausstellungsgeländes, errichtet werden. Die in einem Wettbewerb ermittelten Architekten Ernesto Bruno La Padula, Mario Romano und Giovanni Guerrini schlugen einen Kubus mit vier identischen Fassaden vor, die ausschließlich aus ornamentfreien Bögen bestanden. Die Assoziation zum antiken Kolosseum machte diesen Großbau unter dem Namen *Colosseo quadrato* populär. Die Architekten mussten das letzte Geschoss blind ausführen, um Platz für eine dem italienischen Volk huldigende Inschrift zu erhalten: „Ein Volk von Poeten und Künstlern, Helden und Heiligen, Denkern und Wissenschaftlern, Seefahrern und Auswanderern". Die meisten dieser Worte formulierte Mussolini in einer Rede am 2. Oktober 1935, mit der er auf die Sanktionen des Völkerbundes nach dem Überfall auf Äthiopien reagierte. Im Jahr 1999 wurde verkündet, dass der Bau künftig als *Museo Nazionale dell'Audiovisivo*, ergänzt durch eine Ausstellung *Made in Italy*, genutzt werden solle. 2006 bis 2011 wurde er als Monument von besonderem kulturellem Wert durch das Kultusministerium und die EUR AG aufwändig restauriert. Nun galt er als Ikone der modernen italienischen Architektur des 20. Jahrhunderts oder gleich als „Ikone der faschistischen Architektur". Im Kontext drastischer Sparmaßnahmen des italienischen Staatshaushalts, die als Kampf gegen die „Verschwendung" angekündigt wurden, brach auch die Finanzierung der geplanten Ausstellungen und des Museums weg. Im Sommer 2013 wurde bekannt, dass der Bau von dem französischen Konzern *LVMH Louis Vuitton Moët Hennessy* gepachtet wurde, dessen seit 1999 schrittweise übernommene, ehemals italienische Marke *Fendi* in diesem Gebäude vermarktet werden sollte. 2015 war es dann soweit: Der vielleicht wichtigste Bau des italienischen Faschismus wird zum Werbeträger für *Fendi*. Am 22. Oktober 2015, so die Website von *Fendi Roma*, „hat Fendi den neuen Sitz des Hauses in Rom im Palazzo della Civiltà Italiana mit einer spektakulären, live übertragenen Lichtinstallation ‚Poesia di Luce' eingeweiht, die von dem Künstler und Konstrukteur Mario Nanni entworfen wurde. […] Eine monumentale, chromatische Kunstform des Erzählens als Hommage an die Geschichte und Schönheit des Gebäudes, welche durch den Einsatz dynamischer schneller Bewegungen und der unterschiedlichen Schattierungen der Sonne von der Morgenröte bis zu den strahlenden Weißtönen der Mittagsstunde in den Vordergrund gestellt werden."

Rom IV

Engelsburg, Casa Madre dei Mutilati und Justizpalast.
Foto: 19.03.2013

In zentraler Lage am Ufer des Tiber erhebt sich einer der Großbauten des faschistischen Regimes: die mit einem Turm bekrönte *Casa Madre dei Mutilati* (Hauptsitz der Vereinigung der Kriegsversehrten), die in zwei Bauabschnitten nach Plänen von Marcello Piacentini 1925 bis 1938 realisiert wurde. Dieser Bau fällt trotz seiner gewaltigen Ausdehnung den Besuchern Roms nicht besonders auf, da er sich städtebaulich zwei noch weit größeren Bauten unterordnet, welche die Aufmerksamkeit des Betrachters auf sich ziehen: der von umgebenden Häusern bereinigten und in einen 1934 eröffneten Park frei gestellten Engelsburg, die in der faschistischen Ideologie als Ausdruck der imperialen Größe des antiken wie des päpstlichen Roms verehrt wurde, sowie dem 1889 bis 1910 errichteten Justizpalast, einem Monument des geeinten Königreichs Italien. Wer den Innenhof der *Casa Madre dei Mutilati* betritt, wird noch heute mit einem Bildprogramm konfrontiert, das die militärische Größe des faschistischen Italien feiert. Neben Darstellungen des Überfalls auf Äthiopien, der Unterwerfung der dortigen Bevölkerung und einer Karte des faschistischen Imperiums in Afrika finden sich dort auch Bilder zur Verherrlichung des Einsatzes italienischer Soldaten im spanischen Bürgerkrieg zur Unterstützung der Putschisten um General Franco.

Rom V

Cinecittà im Südosten von Rom, eröffnet 1937.
Foto: 25.08.2011

Cinecittà ist ein Mythos der Filmwelt. Und eines der wichtigsten Propagandamedien der Mussolini-Diktatur. Bis 1943 wurden dort etwa 300 Filme gedreht. 1942 wirkten dort u.a. Vittorio De Sica, Roberto Rosselini und Luchino Visconti. Errichtet wurde die *Città Cinematografica*, kurz *Cinecittà* genannt, 1936-1937 nach Plänen von Gino Peressutti an der *Via Tuscolana*, in Richtung der *Colli Albani*. Auf einem etwa 14 Hektar großen Gelände mitten auf dem Lande, weit außerhalb der Stadt, entstand die damals größte und modernste Filmfabrik Europas, eine äußerst effektive Propagandamaschine des Regimes von internationalem Ruf. *Cinecittà* beherbergte 73 Gebäude, darunter 16 Filmstudios, Verwaltungsbauten sowie technische Anlagen der Filmproduktion. Der durch Mauern isolierte Komplex erhielt an der *Via Tuscolana* einen auffälligen Haupteingang, der durch zwei gedrungene Türme flankiert wurde. Nach dem Sturz Mussolinis wurde *Cinecittà* von den deutschen Besatzern und dann von den US-Amerikanern genutzt und diente schließlich als Flüchtlingslager. Erst 1948 wurde *Cinecittà* wiedereröffnet. 1997 musste auch diese Einrichtung privatisiert werden. Im Jahr 2011 eröffnete die Ausstellung *Cinecittà si Mostra*, die Geschichte und Gelände der Filmstadt stolz präsentiert. Dazu gehört auch die Skulptur Venusia für den Film Casanova von Frederico Fellini (1976).

Lissabon I

Südlicher Kopfbau des Stadtviertels Bairro Azul, angelegt 1930-1937.
Foto: 01.04.2015

Südwestlich des Geländes des Museums *Calouste Gulbenkian*, an einer verkehrsreichen Kreuzung gegenüber einem dominierenden Shopping Center, erstreckt sich eines der attraktivsten und beliebtesten Wohnviertel Lissabons: der *Bairro Azul*. Charakteristisch für dieses Viertel sind sehr schmale, lang gestreckte, äußerst dicht bebaute Blöcke in der Tradition des Reformstädtebaus mit fünfgeschossigen Wohn- und Geschäftshäusern in leicht variierender Gestalt. Der *Bairro Azul* entstand auf Initiative privater Stadtentwickler während der 1930er Jahre im Rahmen strenger Bauregeln der öffentlichen Hand. Der soziale Adressat dieses Viertels waren die neuen, von der Diktatur profitierenden Mittelschichten. Mit seinen gemäßigt modernen baulichen Formen, seiner funktionalen Mischung und seinen urbanen öffentlichen Räumen entspricht das blaue Viertel wenig der vorherrschenden Einschätzung der stagnierenden, modernisierungsunfähigen Salazar-Diktatur, aber auch nicht der dominanten Vorstellung vom Wohnungsbau der Zwischenkriegszeit.

Lissabon II

Kastell St. Georg (Castelo de São Jorge), neu errichtet 1938-1940.
Foto: 05.09.2014

Die von einer Burg gekrönte Altstadt von Lissabon zeigt sich auf den ersten Blick als frei von Eingriffen aus der Salazarzeit. Aber das Bild ist trügerisch: Die Burg auf dem *Alfama*-Hügel, der *Castelo de São Jorge*, war noch 1938 weder zu sehen noch zu erleben. In einem gewaltigen Kahlschlagprogramm wurde die Burg erst um 1940 neu gebaut und in ein grünes Umfeld eingebettet – und gilt heute als eine großartige historische Sehenswürdigkeit. Hintergrund dieses Projekts war die historische Legitimationspolitik der Salazar-Diktatur, die 1940 in einer doppelten Jahrhundertfeier gipfelte. In diesem Jahr jährte sich, so die Botschaft, der Sieg über die Mauren und damit die Unabhängigkeit Portugals zum 800. Male, zugleich jährte sich die Wiedererlangung der Unabhängigkeit von Spanien zum 300. Male. Im Kontext der Jahrhundertfeiern wurden 1940 zahlreiche Burgen in ganz Portugal restauriert, ja zum Teil neu gebaut. Dazu gehörte auch das Kastell St. Georg, die Burg von Lissabon.

Lissabon III

Ingenieurwissenschaftliche Hochschule (Instituto Superior Técnico),1929-1942.
Foto: 17.09.2012

In Portugal wurden während der Diktatur Salazars drei bedeutende Hochschulen neu gebaut oder grundlegend erneuert: die altehrwürdige Universität von Coimbra, Wirkungsfeld von Salazar während seiner Professorenzeit, deren Erweiterung seit 1934 geplant und deren Neubauten in den Jahren 1942 bis 1969 realisiert wurden, die 1934 bis 1961 nach Plänen von Porfírio Pardal Monteiro errichtete Universitätsstadt von Lissabon und die 1929 bis 1942 angelegte ingenieurwissenschaftliche Hochschule (*Instituto Superior Técnico*), Wirkungsfeld von Duarte Pacheco, des einflussreichen Ministers für öffentliche Arbeiten, einer Zentralfigur des Städtebaus der Salazarzeit. Das erste realisierte Hochschulprojekt war die ingenieurwissenschaftliche Hochschule, einer der bedeutendsten Hochschulkomplexe der Zwischenkriegzeit in Europa. Die kleine, ebenfalls von Porfírio Pardal Monteiro entworfene technische Universitätsstadt in moderaten Art Deco Formen krönt einen kleinen Hügel und beherrscht eine parkartige Querachse, die *Alameda Dom Afonso Henriques*, die eine der wichtigsten neuen Ausfallstraßen Lissabons aus der Salazarzeit, die *Avenida Almirante Reis*, kreuzt.

Moskau I

Narkomfin-Gebäudekomplex, errichtet 1928-1930.
Foto: 27.05.2015

Der von den bedeutenden modernen Architekten Moisej J. Ginsburg und Ignatij Milinis entworfene *Narkomfin*-Gebäudekomplex im Zentrum von Moskau war ein Prototyp und Vorbild für ein Haus des gemeinschaftlichen Wohnens, ein Übergangstyp zum Kommunehaus und zugleich ein Beispiel für die Schwierigkeiten, eine solche Lebensreform praktisch durchzusetzen. Es war eine kleine Stadt für sich und umfasste mehrere Bausteine, mit Kantine, Speisesaal, Kindergarten, Bibliothek und Sporträumen, Wäscherei und Garagen. Das im Raumprogramm geplante Gemeinschaftsleben traf auf Widerstände seitens der Bewohner wie des Regimes. Das Gebäude ist heute stark verfallen. Es zeigt, wie wenig das städtebauliche Erbe aus den 1920er Jahren geschätzt wird.

Moskau II

Kesselhaus des Heizkraftwerks MOGES, errichtet 1927-1928.
Foto: 29.05.2015

„Kommunismus ist Sowjetmacht plus Elektrifizierung des ganzen Landes" (Lenin 1920). Die große Bedeutung der Elektrifizierung für die Stadtproduktion von Moskau wird an dem nach Plänen des berühmten traditionellen Architekten Iwan Scholtowski Ende der 1920er Jahre errichteten Kesselhauses des Moskauer Heizkraftwerks *MOGES* eindringlich sichtbar. Allerdings ist das Gebäude in all seiner technoklassizistischen Wucht, in der Scholtowski seine Erfahrungen einer Italienreise verarbeitet, kaum zu erleben, denn es zeigt sich nur im Inneren des Kraftwerkgeländes, im Hof, und bleibt so den meisten verborgen.

Moskau III

Brunnen „steinerne Blume" auf der All-Unions-Landwirtschaftsausstellung,
1939-1941, wieder eröffnet 1954.
Foto: 29.05.2015

Das Gelände der Allunions-Landwirtschaftsausstellung mit seinen märchenhaften Pavillons und aufwändigen Brunnenanlagen zeigt, welch große Bedeutung Ausstellungen für die propagandistische Verbreitung des gesellschaftlichen Programms der Diktaturen spielten. Das streng entlang einer Hauptachse nach Plänen von Sergej Tschernischew geordnete Gelände ist heute eine Art Museumspark stalinistischen Städtebaus, eine noch heute betörende Erinnerung an das Versprechen einer besseren Zukunft in den Formen regionaler Traditionen. Im Dunkeln bleiben die Schattenseiten der Zwangskollektivierung der Landwirtschaft – der staatliche Terror, die Hungersnöte und die vielen Toten, die dieser gewaltsamen Modernisierung zum Opfer fielen. Das 1939 eröffnete Gelände wurde nach dem Überfall Deutschlands auf die Sowjetunion geschlossen und 1954 in überarbeiteter und erweiterter Form nach Plänen von Anatoli Schukow wieder eröffnet. Auch der Brunnen wurde nach dem Zweiten Weltkrieg angelegt. Das Gelände dient heute als populärer Erholungspark, Messeplatz und Ort für Veranstaltungen.

Moskau IV

Stalin und seine Opfer im Skulpturenpark nahe der Neuen Tretjakow-Galerie, angelegt im Zentrum von Moskau 1992.
Foto: 30.05.2015

Gegenüber dem Haupteingang in den Gorkipark, im Skulpturenpark, einem 1992 angelegten Park in der Nähe der Neuen Tretjakow-Galerie, findet sich ein bemerkenswertes Ensemble: Im Vordergrund erhebt sich eine unübersehbar beschädigte Statue von Stalin, die von Sergei Merkurow 1938 gefertigt wurde, zunächst beim sowjetischen Pavillon auf der Weltausstellung in New York 1939 gezeigt wurde und später bis 1960 im Ismailowoer Park in Moskau aufgestellt war. Ganz in der Nähe stehen weitere Statuen sowjetischer Führer, etwa von Felix Dserschinski. Im Hintergrund ist eine Mauer zu sehen, oder genauer gesagt eine Wand aus Käfigen, in der unzählige kopfartige Steine mit Gesichtern an die Opfer der Stalin-Diktatur erinnern.

Moskau V

„Triumphpalast", 2005 fertig gestellt.
Foto: 30.05.2015

Der nordwestlich des Moskauer Zentrums, nahe der wichtigen Ausfallstraße Leningradski Prospekt gelegene Triumphpalast galt mit seinen 264 Metern zur Zeit seiner Eröffnung als höchstes Hochhaus in Europa. Von besonderem Interesse ist aber nicht nur seine Höhe, sondern auch und vor allem seine Form. Das nach Plänen von Andrej Jurjewitsch Trofimow errichtete Gebäude erinnert an die Hochhäuser, die unmittelbar nach dem Zweiten Weltkrieg, zwischen 1952 und 1957, errichtet wurden und als Stalins „sieben Schwestern" bekannt sind. Das achte und wichtigste Hochhaus, der Palast der Sowjets, wurde nie gebaut. Das neue Hochhaus dient mit über 1.000 Appartements dem Wohnen für Wohlhabende und ist von seiner Umgebung durch einen Zaun getrennt, der Zugang in das weitläufige Areal ist bewacht. Der Triumphpalast kann daher nicht nur als höchstes Wohnhaus, sondern auch als die höchste *Gated Community* Europas gelten.

Madrid I

Edificio España, errichtet 1948-1953.
Foto: 07.10.2015

Im Herzen von Madrid, am Ende der *Gran Vía*, an der *Plaza de España*, erheben sich zwei Hochhäuser. Das offensichtlich ältere ist der *Edificio España* und wurde in der unmittelbaren Nachkriegszeit errichtet. Es ähnelt ein wenig älteren US-amerikanischen Hochhäusern oder solchen der späten Stalinzeit und wurde von den Brüdern Julián und Joaquín Otamendi entworfen. Mit einer Höhe von 117 Metern war es zur Erbauungszeit das höchste Gebäude Spaniens. Es sollte den Aufschwung des franquistischen Spaniens nach dem Ende des Weltkriegs symbolisieren, der in den ersten schwierigen Jahren nach dem Bürgerkrieg auf sich warten ließ. Das Gebäude wird seit längerer Zeit nicht mehr genutzt und harrt einer besseren Zukunft. Sein Umbau war in den letzten Jahren Gegenstand einer lebhaften kommunalpolitischen Diskussion.

Madrid II

Tal der Gefallenen (Valle de los Caídos) bei Madrid, errichtet 1940-1959.
Foto: 04.04.2012

Das „Nationalmonument des Heiligen Kreuzes im Tal der Gefallenen", kurz *Valle de los Caídos*, ist der bedeutendste Kultort der Franco-Diktatur, Kloster und Grablege des Diktators zugleich. Dort finden sich auch die Grabstätte des Begründers der faschistischen Bewegung Falange, José Antonio Primo de Rivera. Das Monument besteht aus einem von weitem sichtbaren monumentalem, 155 Meter hohen Kreuz, einer von Zwangsarbeitern in den Berg gegrabenen Basilika von 263 Meter Länge und einem riesigen Benediktinerkloster, das die ganze Anlage bis heute betreut. Die Planungen gehen auf Pedro Muguruza und Diego Méndez zurück. Eingeweiht wurde es von General Franco 1959, 20 Jahre nach seinem Sieg im Bürgerkrieg. Das Tal der Gefallenen in der *Sierra de Guadarrama* bildet zusammen mit *Alcázar von Toledo* und dem Schlachtort *Brunete* eine bedrückende franquistische Erinnerungslandschaft um Madrid. Bis heute ist umstritten, wie mit diesem Monument umgegangen werden soll.

Christian von Oppen
Lissabon, populäres Abbild eines uneingelösten Zukunftsversprechens

Die drei Bauten, der *Castelo São Jorge*, der *Instituto Superior Técnico* und der *Padrão dos Descobrimentos*, sind Schlüsselwerke der Selbstinszenierung der portugiesischen Diktatur im Stadtraum von Lissabon, der Hauptstadt des zum Imperium mystifizierten Portugals.[1]

Der Entwurf von 1928 für den *Instituto Superior Técnico* ist vermutlich einer der ersten für eine Universitätsstadt, die unter einer Diktatur realisiert wurden. Das Vorzeigeprojekt der jungen Diktatur überrascht durch seine sachlich einfache und eher bescheidende Gestaltung. Aufbauend auf den ersten Erfolgen entwickelte die offizielle Propaganda ein Zukunftsversprechen, die Wiedergeburt Portugals als neuer Staat von imperialer Größe, des *Estado Novo*.[2] Die Universitätsstadt symbolisierte mit ihrer modernen Architektur den Aufbruch in das neue Zeitalter.[3] Die positive Rezeption des Bauwerks im Ausland war eine weitere Bestätigung für die Diktatur.[4] Zusammen mit einem vorgelagerten länglichen Park war die Hochschule sowohl eine städtebauliche Aufwertung des neuen urbanen Mittelschichtsquartiers des *Estado Novo*[5] als auch bauliche Anerkennung des Ingenieurwesens und diente somit der Bindung der Eliten an die Diktatur.[6]

Der Castelo do São Jorge, mächtigstes Zeugnis der Salazar-Diktatur in Lissabon, bildet den Gegenpol zum Instituto Superior Técnico.[7] Der Burgneubau von 1940 sollte an den Aufstieg Portugals seit der Befreiung Lissabons 1147 von den Mauren zu einem Kolonialimperium erinnern.[8] Mit seiner exponierten Lage in der Stadt ordnete das Kastell durch die Sichtbeziehung zu fast jedem Neubau die Transformation Lissabons zur Hauptstadt des Imperiums in die Geschichtsdeutung der Diktatur ein.[9] Lissabon wurde somit zum Abbild des sozio-politischen Projektes des *Estado Novo*.

Der *Padrão dos Descobrimentos*, Kolossaldenkmal des Weltbildes der Diktatur, wurde zur Ikone der Mystifizierung von historischen Figuren zu Heroen der portugiesischen Geschichte.[10] Er stand im Zentrum der großen Propagandaschau der portugiesischen Diktatur, der *Exposição do Mundo Português*, die 1940 neben dem Kloster von Belém am Ufer des Tejos in Lissabon stattfand. Das zunächst in Gips ausgeführte Denkmal wurde von 1958 bis 1960 durch eine vergrößerte Kopie aus Stein ersetzt. Das Denkmal, das die Erniedrigung und Unterdrückung vieler Völker auf der Welt durch die sogenannten Entdecker ausblendete, ist noch heute ein Wahrzeichen der portugiesischen Identität.

Die europäische Einschätzung des *Estado Novo* als eine gemäßigte Diktatur aufgrund seiner toleranten Flüchtlingspolitik während des Zweiten Weltkriegs[11] ignoriert den Aspekt der schwachen aber dafür umso brutaleren Kolonialmacht.[12] Am Ende scheiterte die portugiesische Diktatur an ihrer verfehlten Kolonialpolitik und ging mit dem von ihr proklamierten kolonialen Imperium unter. Die baulichen Zeugnisse ihres Weltbildes sind hingegen noch heute bei Portugiesen wie Touristen beliebt. Die gegenwärtige Wahrnehmung des baulichen Erbes des *Estado Novo* in Lissabon zeigt wie die Lesart des diktatorischen Städtebaus von nationalen Perspektiven, selektiver Betrachtung der Produkte und mangelnder Aufmerksamkeit für Produktionsmethoden bestimmt wird.[13]

1 Rosas, Fernando: Salazar e o poder. A arte de saber durar. Lissabon 2012, S. 324.
2 Marroni, Luísa: "Portugal não é um país pequeno". A lição de colonialismo na Exposição Colonial do Porto de 1934. In: História. Revista da FLUP, 3/2013, S. 67.
3 Raimundo, Orlando: António Ferro. O inventor do salazarismo. Alfragide 2015, S. 193.
4 Vgl. Pardal-Monteiro, Porfírio: L'institut supérieur technique a Lisbonne. In: L'architecture d'aujourd'hui 4/1934, S. 58-60.
5 Melo, Ana Homem de: Duarte Pacheco e Lisboa: As mudanças na cidade. In: Comissão do Centenário do Instituto Superior Técnico (Hg.): Duarte Pacheco – do técnico ao terreiro do paço. Lissabon 2011, S. 100.
6 Costa, Sandra Vaz: Duarte Pacheco. O político na academia. In: Comissão do Centenário do Instituto Superior Técnico (Hg.): Duarte Pacheco – do técnico ao terreiro do paço. Lissabon 2011, S. 87.
7 Oppen, Christian von: Salazars Lissabon. Städtebauliche Inszenierung am Rande Europas. In: Forum Stadt 1/2014, S. 90
8 Salazar, António Oliveira: Independência de Portugal. In: Revista dos Centenários 1/1939, S. 4.
9 Oppen, Christian von: Selbstinszenierung europäischer Diktaturen. Die Präsenz im zeitgenössischen Stadtraum am Beispiel Lissabon. In: RaumPlanung 164-5/2012, S. 18
10 A exposição do mundo português será uma afirmação de técnica nacional. [Interview mit Cottinelli Telmo] In: Revista dos Centenários 6/1939, S. 16.
11 Heinrich, Christa: Zuflucht Portugal. Exilstation am Rande Europas. In: FilmExil 16/2002, S. 10.
12 Mahoney, Micheal: Estado Novo, homen novo (new man, new state): Colonial and Anticolonial Development Ideologies in Mozambique, 130-1977. In: Engerman, David C/Gilman, Nils/Haefele, Mark H./Latham, Michael E. (Hg.): Staging Growth. Modernization, Development, and the Global Cold War. Amherst 2003, S. 168.
13 Vgl. Bodenschatz, Harald: urbanism and Dictatorship: Expanding Spaces for Thought!. In: Bodenschatz, Harald/Sassi, Piero/Welch Guerra, Max (Hg.): Urbanism and Dictatorship. A European Perspective. Basel 2015, S. 15-26.

Thomas Flierl
CIAM 4 Moskau
Verpasste Chance der Selbstverständigung der Moderne
und Desidarat der Forschung

Die Annäherung zwischen der internationalen Bewegung des «Neuen Bauens», den 1928 gegründeten *Internationalen Kongressen für Neues Bauen* (CIAM), und der sowjetischen Modernisierungspolitik (Industrialisierung) hatte zwei Hauptprojekte: die Tätigkeit ausländischer Stadtplaner und Architekten in der Sowjetunion und das Vorhaben, einen CIAM-Kongress in Moskau zu veranstalten.

Die Idee eines internationalen Kongresses moderner Architekten in Moskau ist integraler Bestandteil der Gründungsgeschichte der CIAM. Eigentlich sollte bereits auf dem 2. CIAM-Kongress in Frankfurt am Main 1929 beschlossen werden, den nächsten Kongress 1930 in Moskau abzuhalten. Wegen der verspätet eingetroffenen Einladung aus Moskau konnte die CIAM diese Entscheidung dann erst auf ihrem 3. Kongress im November 1930 in Brüssel treffen. Der Kongress zum Thema «Die funktionelle Stadt» sollte nun 1931 in Moskau stattfinden. Die Verhandlungen hierüber zogen sich bis Ende 1932 hin. Im Dezember 1932 reisten schließlich der Generalsekretär der CIAM Sigfried Giedion und ihr Präsident Cornelis van Eesteren nach Moskau und vereinbarten mit der sowjetischen Seite vertraglich die Durchführung des Kongresses im Juni 1933. Doch überraschend sagte Moskau – bereits nach der internationalen Bekanntmachung und Einladung zum Kongress – im März 1933 den Kongress wegen „mangelnder Vorbereitung" auf sowjetischer Seite ab und bot die Durchführung für das Jahr 1934 an. Die CIAM, die seit Brüssel 1930 keinen ordentlichen Kongress mehr durchgeführt hatte, entschied daraufhin, den 4. CIAM-Kongress auf einem Passagierdampfer auf der Route von Marseilles nach Athen, in Athen selbst sowie auf der Fahrt zurück nach Marseilles durchzuführen. Dieser Kongress ging als *Athener Kongress* in die Geschichte der Architektur und des Städtebaus des 20. Jahrhunderts ein, zusätzlich erhöht durch die von Le Corbusiers 1943 anonym veröffentlichte «Charta von Athen».

Die langwierige Vorbereitung und das Scheitern des Moskauer CIAM-Kongresses sind bis heute nicht zum Gegenstand detaillierterer Forschungen gemacht worden. Der Moskauer Kongress ist stets nur beiläufig, als Episode auf dem Weg zum Athener Kongress behandelt und gedeutet worden.

Eine Geschichte des gescheiterten 4. CIAM-Kongresses in Moskau kann ohne die systematische Einbeziehung der (seit längerem zugänglichen) russischen Archivquellen nicht geschrieben werden. Erst dadurch werden viele Dokumente in Zürich, Paris, Rotterdam und Berlin überhaupt verständlich. Nur so lässt sich auch die «confusion of responsibilities and addresses on the Soviet side» (Schützeichel) aufklären, lassen sich die beteiligten Personen und Institutionen auf sowjetischer Seite identifizieren, lässt sich die Korrespondenz zwischen CIAM und sowjetischen Stellen auch vor dem Hintergrund der innersowjetischen Kontroversen und Machtkämpfe verstehen.

Die Verantwortlichen der CIAM hatten es damals «sofort verstanden»: in «Stalins Rußland» hatte das Neue Bauen «keinen Platz» (Giedion) mehr. Was die westlichen Akteure damals nicht wussten und die Forschung bisher nicht zum Anlass gezielter Untersuchungen nahm: Allein das Politbüro der Sowjetischen Kommunistischen Partei beschäftigte sich zwischen 1929 und 1933 in fünf Sitzungen mit dem CIAM-Kongress.

Die schwankende Positionsbestimmung der sowjetischen Administration zur Abhaltung des 4. CIAM-Kongresses in Moskau war Teil der innenpolitischen Auseinandersetzung über den Weg zur Industrialisierung und Modernisierung des Landes. An ihr wirkten verschiedene Akteure mit, deren institutionelle Anbindung, politische Biographie und persönliches Engagement für die Sache des Kongresses sehr unterschiedlich gewesen waren. Das Kongressprojekt geriet in die Phase des Umbaus der staatlichen Institutionen 1931/1932, als dessen Resultat schließlich die gewalttätige Fraktion Stalins über die Option eines sowjetischen Fordismus obsiegte. Architektur und Städtebau waren dabei Gegenstand und herausragendes Medium dieses gesellschaftspolitischen Hegemoniewechsels. Es ist ein bis heute nachwirkendes Ergebnis der stalinistischen Verfolgungen und der sie begleitenden bzw. ihr nachlaufenden Geschichtsschreibung, des Kalten Krieges sowie des anhaltenden Desinteresses in Ost und West, dass die sowjetischen Akteure, die sich für eine umfassende Kooperation mit dem Neuen Bauen und für eine andere Verbindung von Sozialismus und Moderne als der dann von Stalin durchgesetzten engagierten, weithin vergessen sind, zumal sehr viele von ihnen im «Großen Terror» ab 1936 ermordet wurden.

Heute lassen sich nicht nur die Debatten, Machtkämpfe und Hierarchieverschiebungen innerhalb und zwischen den Institutionen auf sowjetischer Seite rekonstruieren. Mit den aufgefundenen Entwürfen für die Tagesordnung des Kongresses und mit den Thesen zu den von sowjetischer Seite geplanten Referaten kann nun auch der Moskauer Kongress in seinen verschiedenen Planungsständen selbst skizziert werden. Sogar die Bildliste der für den Kongress geplanten Ausstellung der modernen sowjetischen Architektur ließ sich finden!

Ein CIAM-Kongress in Moskau hätte womöglich (noch) der Spaltung der Bewegung des modernen Bauens einerseits in die Protagonisten der Rekonstruktion der vorhandenen Städte und anderseits in die Protagonisten des Neubaus von Städten, zwischen «traditionellem» und «neuem» Städtebau entgegenarbeiten können – einer Spaltung, die seit der Kongressabsage in Moskau 1933 und der Hinwendung der Diktaturen in Europa zum Neohistorismus, und noch mehr in der Zeit des Kalten Krieges nach dem Zweiten Weltkrieg extrem politisch-ideologisch aufgeladen war.

Max Welch Guerra
Der lange Atem des Forschers

Harald Bodenschatz begann bereits in den 1980er Jahren den Städtebau europäischer Diktaturen zu untersuchen. Zunächst einmal ging es um die Zeit der NS-Herrschaft. Hinzu kam Anfang der 1990er Jahre die Periode der Sowjetunion unter Stalin, im folgenden Jahrzehnt das faschistische Italien. Als 2011 der Band „Städtebau unter Mussolini" erschien, konnte als neuer Stand der Diskussion festgehalten werden, dass es zwischen diesen drei Diktaturen ein intensives Verhältnis des gezielten fachlichen Austausches, der stillschweigenden Nachahmung und der offenen Konkurrenz bestand. Der Band eröffnete zugleich einen neuen Blick auf die politischen Potentiale des Städtebaus für Diktaturen. Die propagandistische Wirkung von Repräsentationsbauten ist nur eine von den vielen Funktionen, die der Städtebau übernehmen kann. Städtebau bietet sehr unterschiedliche Instrumente repressiver und integrierender Art, ist zudem unentbehrlich, um materiell notwendige Voraussetzungen für Wirtschaft und Kriegsführung zu schaffen. Städtebau eignet sich als Feinsteuerungsmittel für die Sicherung von Herrschaft.

Mit diesen Untersuchungen hat Harald Bodenschatz aber auch die Koordinaten der herkömmlichen international ausgerichteten Forschung durchbrochen. Während die angelsächsisch dominierte Planungshistoriographie zumeist nach Städtebau-Innovationen in den führenden kapitalistischen Ländern und ihrer Diffusion sucht, konfiguriert die Frage nach dem Städtebau der Diktaturen eine andere Geographie. Das englischsprachige Europa gerät in den Hintergrund, unterdessen werden auch fachlich als peripher erachtete Länder im Westen und Osten des Kontinents zum Gegenstand erhöhten Erkenntnisinteresses. So kam es, dass Harald Bodenschatz mir vorschlug, gemeinsam die Städtebaugeschichte der Diktaturen in Portugal und in Spanien zu untersuchen. (Das DFG-Projekt "*Städtebau unter Franco und Salazar, Stadtproduktion iberischer Diktaturen im europäischen Kontext*" startete im April 2014.)

Dies war der Stand der Dinge, als wir im Februar 2013 an der Universität Kassel zusammenkamen, um an der Konferenz „Windows Upon Planning History" teilzunehmen. International renommierteste Kollegen und Kolleginnen der angelsächsischen wie der kontinentaleuropäischen Debatte waren dabei.

Dort skizzierte Harald Bodenschatz zum ersten Mal öffentlich ein Forschungsprogramm und erste Thesen, um den Städtebau der europäischen Diktaturen der ersten Hälfte des letzten Jahrhunderts nicht nur additiv wissenschaftlich zu bestimmen. Verblüffend war die Reaktion einiger weithin anerkannter kontinentaleuropäischer Kollegen. Vor allem auf dreierlei Bedenken stieß sein Programm. Befürchtet wurde zum einen, wir wollten uns auf die Suche nach formalästhetischen Analogien begeben. Hier genügte die Klärung, dass wir Gestaltung sehr ernst nehmen, Städtebau sei ohne die Gestaltungsebene schlechterdings nicht zu erfassen. Unser Ansatz bleibt allerdings nicht dabei stehen, sondern stellt die Frage nach der Stadtproduktion, nach den politischen und ökonomischen, kulturellen und fachdisziplinären Determinanten sowie nach den Aufgaben des Städtebaus unter den Diktaturen.

Das zweite Bedenken besagte, den Städtebau der Diktaturen so konzentriert zu erforschen, heiße, denjenigen der demokratischen Staaten zu vernachlässigen. Hierzu konnten wir erwidern, Diktaturen seien alles andere als ein Sonderfall in der Geschichte Europas im 20. Jahrhundert, sie seien bisher nur nicht angemessen beleuchtet worden. Dass Städtebau eine Vielfalt von Funktionen für diese Herrschaftssysteme übernommen und die Fachwelt sich entsprechend verhalten habe, müsse in das Selbstverständnis unserer Disziplinen eingehen, wie es kritische Fachleute seit den 1970er Jahren versuchen.

Das dritte Bedenken ist ein gesellschaftstheoretisches. Besonders deutsche Kollegen warnten davor, NS-Deutschland, die drei romanischen Diktaturen und die Stalinsche Sowjetunion in einem akademischen Akt zu deklinieren. Dahinter steht die Furcht vor einem totalitarismustheoretischen Ansatz, der Diktaturen tendenziell gleichsetzt und dadurch vor allem die Besonderheit der NS-Herrschaft relativiert. Wir setzten dagegen: Gerade die Zusammenschau erlaubt es, neben den unbestrittenen Ähnlichkeiten das Spezifikum einer Diktatur herauszuarbeiten. Indem wir den Städtebau ernst nehmen und die jeweiligen Mechanismen der Stadtproduktion in einer internationalen, besonders europäischen Perspektive methodisch reflektiert rekonstruieren, tragen wir dazu bei, differenzierend zu begreifen.

Der einleitende Beitrag von Harald Bodenschatz in dieser Publikation ist so gesehen nicht als Schlusspunkt zu verstehen, sondern als Zwischenergebnis, um weiterzuschreiten. Die bisherigen Erkenntnisse über den Städtebau unter den Diktaturen in Berlin, Rom, Lissabon, Moskau und Madrid eröffnen den Blick auf die Geschichte der ganzen Territorien, einschließlich der als Kolonie oder Besatzung in Abhängigkeit gebrachten Länder. Und ganz im Sinne von Harald Bodenschatz sollten wir nicht vergessen: *de te fabula narratur*. Auch wir sind gemeint. Die Auseinandersetzung mit diesem Kapitel, nein, mit diesem großen Abschnitt europäischer Städtebaugeschichte konfrontiert uns mit dem politischen Charakter, der Macht und Ohnmacht unserer eigenen Profession, auch unter parlamentarischen Bedingungen, auch in der Gegenwart.

Tilman Harlander
Orts-Verständnis

Nach und nach rückt die immense Bedeutung, die Städtebau und Wohnungsbau für den Aufstieg, die vorübergehende Konsolidierung und die Selbstdefinition der Diktaturen der 1930er und 40er Jahre hatten, immer mehr ins Bewusstsein. Gerade in Deutschland waren diese Felder gegenüber der NS-Rasssen-, Kriegs- und Vernichtungspolitik über Jahrzehnte hinweg für den Mainstream der Historiker und zeitgeschichtlichen Kommentatoren tendenziell zu vernachlässigende Randgebiete – zu Unrecht, wie eine immer noch anschwellende Flut an Einzelstudien und Monografien inzwischen eindrucksvoll nachweist.
Harald Bodenschatz hat mit seinen großen Forschungsarbeiten zum stalinistischen und zum faschistischen Städtebau in Italien das wichtige Verdienst, mit dem zugleich nachdrücklich unterstrichenen Anspruch einer vergleichenden europäischen Perspektive die Diskussion um eine entscheidende, bis dahin nahezu vollständig ignorierte Dimension erweitert zu haben. Die vorliegende Ausstellung zieht – bezogen auf den Städtebau der Hauptstädte – hierzu eine Zwischenbilanz und ergänzt seine bisherigen Arbeiten um Ergebnisse aus einem noch laufenden DFG-Forschungsprojekt zum faschistischen Städtebau in Spanien und Portugal.
Gerade in den Hauptstädten spielten die Repräsentationsarchitektur und die städtebaulichen Um- und Neugestaltungsmaßnahmen, die auf imperiale Größe und einschüchternde Machtdemonstration zielten, zweifellos eine dominante Rolle. Aber daneben gab es auch in einem immer noch weit unterschätzten Ausmaß eine stupende Fülle an Alltagsarchitektur, an Projekten sozialer und technischer Infrastruktur und an Wohnungsbau, in denen sich die ganze Ambivalenz partieller Modernisierungsprozesse dieser Zeit widerspiegelt. Mit der Geringschätzung dieses alltäglichen Städte- und Wohnungsbaus hat die historische Wissenschaft freilich ungewollt noch einmal die politischen Präferenzen der Diktaturen selbst reproduziert, die sich – wie etwa die NS-Wanderausstellung Neue Deutsche Baukunst" – von der Konzentration auf die Monumentalarchitekturen eine viel größere propagandistische Wirkung versprachen.
Die Diktaturen der 1930er und 40er Jahre charakterisierte in sozialer Hinsicht immer das Ineinander allgegenwärtigen Terrors und der Einschüchterung einerseits und der planmäßigen Organisation von Zustimmung andererseits. Ihr Vehikel waren inszenierte Massenmobilisierungen, Führerkult, Zukunftsversprechen und die für die Diktaturen so typischen Angebote „intensiven Erlebens" (Gudrun Brockhaus). Städte- und Wohnungsbau spielten dabei eine im wahrsten Sinn des Wortes „tragende" und kaum zu überschätzende Rolle. Vielleicht hat die lange Vernachlässigung dieser Felder auch damit zu tun, dass den ihnen gerade für die Zeit der Diktaturen innewohnenden

Ambivalenzen so schwer auf die Spur zu kommen ist. Offensichtlich bedarf es eines ganzen Forscherlebens, um die mit diesen Architekturen verknüpften „gesellschaftlichen Projekte" und ihren sozialen Gehalt tiefer zu „verstehen". Für die Auseinandersetzung mit Architektur und Städtebau der Diktaturen genügen ja nicht Bild- und Archivquellen und kein Studium der Fachliteratur allein. Es gilt, die Epoche selbst immer tiefer zu verstehen, durch literarische und künstlerische Zeugnisse, durch Gespräche mit Zeitzeugen und, immer wieder, auch durch die lebendige und häufig kontroverse Auseinandersetzung mit Fachkollegen. Vor allem aber geht es auch darum, sich den jeweiligen konkreten architektonischen und stadträumlichen Orten zugleich beobachtend-analysierend und einfühlend zu nähern, um so nach und nach nicht nur Orts-Kenntnis, sondern auch Orts-Verständnis zu entwickeln.

Harald Bodenschatz hat dies beispielhaft gelebt. Auf ungezählten Reisen hat er die städtebaulichen und architektonischen Hinterlassenschaften der Diktaturen und ihre wechselvolle Dämonisierung, Nichtbeachtung, Zerstörung, Umnutzung, Umdeutung oder auch ideologische Überhöhung betrachtet, geprüft und zu deuten versucht. An eine endgültige Bewertung hat er dabei, wenn ich es richtig einschätze, nie gedacht. Zu sehr war er sich dabei darüber im Klaren, wie sehr sich schon im Laufe eines eigenen Forscherlebens die Maßstäbe verschieben können. Und welche Bedeutung soll man den teilweise abrupten und grundlegenden Wechseln der Aufmerksamkeit und der Wertschätzung für diese Hinterlassenschaften in der allgemeinen Öffentlichkeit, aber auch in der Fachöffentlichkeit der jeweiligen Ländern für die eigene Arbeit geben? Im Kontext vieler gemeinsamer Studien-, Forschungs- und auch Urlaubsreisen im Lauf von mehr als einem halben Jahrhundert haben Harald Bodenschatz und ich diese Fragen immer wieder diskutiert. Auch wenn in Deutschland der Speersche Neoklassizismus mit einigem zeitlichen Abstand immer wieder Bewunderer fand, so wurde dies - zumindest in Fachkreisen - doch eher als eine Art Tabubruch empfunden. Umso mehr hat uns das viel weitergehende Revival, ja die teilweise regelrechte Verherrlichung des Städtebaus der Diktaturen der letzten zwei Jahrzehnte insbesondere in Rom und Moskau frappiert und zu grundsätzlicheren Fragen stimuliert: Kann man überhaupt und wenn ja, bis zu welchem Grad die Qualitäten städtebaulicher und architektonischer Hinterlassenschaften auch unabhängig von den sie begleitenden Systemzielen diskutieren? Worin lag ihr Symbolgehalt für die Zeitgenossen und was drückt sich in ihrer nostalgischen Erinnerung und Verklärung heute aus? Was können wir aus den Unterschieden zwischen den europäischen Diktaturen (etwa ihrer sehr divergierenden Wohnungspolitiken) lernen? Wie können wir uns als Wissenschaftler „einfühlen" und doch zugleich objektivierende Distanz behalten?

Über diese Fragen diskutieren und streiten wir bis heute – lieber Harald, lass Dir anlässlich Deines 70. Geburtstages sagen, wie sehr ich auf weitere Jahrzehnte solch produktiven Streits hoffe!

Veröffentlichungen zu Diktatur und Städtebau
von Harald Bodenschatz (HB)

HB/Thomas Flierl (Hg.): Von Adenauer zu Stalin. Der Einfluss des traditionellen deutschen Städtebaus in der Sowjetunion um 1935. Berlin 2016. Verlag Theater der Zeit. (175 S.)

Харальд Боденшатц/Кристиане Пост (сост.): Градостроительство в тени Сталина. Мир в поисках социалистического города в СССР 1929 – 1935. Санкт-Петербург 2015 [Charal'd Bodenšatc/Kristiane Post (sost.): Gradostroitel'st'vo v teni Stalina. Mir v poiskach socialističeskogo goroda v SSSR (HB/Christiane Post (Hg.): Städtebau im Schatten Stalins. Die Welt auf der Suche nach der sozialistischen Stadt in der UdSSR. 1929 – 1935). Sankt-Peterburg 2015]. Verlagshaus Braun/SCIO Media. (415 S.)

HB: Berlin Mitte: Spiegel des Städtebaus zweier Diktaturen. In: Architekten- und Ingenieur-Verein zu Berlin e.V.: Forum I/2016 (S. 36-42)

HB/Piero Sassi/Max Welch Guerra (Hg.): Urbanism and Dictatorship. A European Perspective. Basel 2015. Birkhäuser Verlag. (248 S.)

HB/Piero Sassi/Max Welch Guerra (Hg.): Introduction. In: HB/P. Sassi/M. Welch Guerra (Hg.): Urbanism and Dictatorship. A European Perspective. Basel 2015. Birkhäuser Verlag. (S. 7-14)

HB: Urbanism and Dictatorship: Expanding Spaces for Thought! In: HB/P. Sassi/M. Welch Guerra (Hg.): Urbanism and Dictatorship. A European Perspective. Basel 2015. Birkhäuser Verlag. (S. 15-26)

HB/Thomas Flierl: Controversial Urbanism during the First Years of the Stalin Dictatorship. In: HB/P. Sassi/M. Welch Guerra (Hg.): Urbanism and Dictatorship. A European Perspective. Basel 2015. Birkhäuser Verlag. (S. 183-198)

HB: Schwieriges Erbe – in Nürnberg und Rom. In: Merkur. Deutsche Zeitschrift für europäisches Denken April 2015. (S. 69-78)

HB: Städtebau und Diktatur – ein gemeinsamer Weg. In: S. Huning/T. Kuder/H. Nuissl (Hg.): Stadtentwicklung, Planungstheorie und Planungsgeschichte auf dem Prüfstand. (S. 14-21)

HB: „Über die Städte und ihre Neugestaltung ließ sich die Diktatur legitimieren." In: D. Thorau/G. Schaulinski (Hg.): Mythos Germania. Vision und Verbrechen. Berlin 2014. Edition Berliner Unterwelten (S. 144-149)

HB: Die Berliner Mitte – Produkt zweier Diktaturen. In: Merkur. Deutsche Zeitschrift für europäisches Denken 10/2014 (S. 903-909)

HB: Urban Design for Mussolini, Stalin, Salazar, Hitler and Franco (1922-1945). In: Planning Perspectives 3/2014 (S. 81-92) www.tandfonline.com/doi/abs/10.1080/0 2665433.2014.901185#.VFOxDsnOWMM

HB/Max Welch Guerra (Hg.): Städtebau und Diktatur in Europa: Sowjetunion, Italien, Deutschland, Portugal, Spanien. Schwerpunktheft Forum Stadt 1/2014 (119 S.)

HB/Max Welch Guerra: Städtebau und Diktatur in Europa. Editorial. In: Forum Stadt 1/2014 (S. 3-8)

HB: Städtebau und Diktatur: Denkräume erweitern! In: Forum Stadt 1/2014 (S. 9-30)

HB: Städtebau: Form und Gesellschaft. In: A. Deschan (Hg.): Berlin im Kopf. Wolfgang Schäche zum 65. Berlin 2013 (S. 61-66)

HB: Vorwort. In: J. Sollich: Herbert Rimpl (1902-1978). Architekturkonzern unter Hermann Göring und Albert Speer. Architekt des Deutschen Wiederaufbaus. Bauten und Projekte. Berlin 2013 (S. 7)

HB: Städtebau für Mussolini. Auf dem Weg zu einer neuen Rom. Berlin 2013 (247 S.) www.dom-publishers.com/products/de/Neuheiten/Staedtebau-fuer-Mussolini.html

HB: Das NEUE ROM Mussolinis. Vom Umbau der historischen Stadtmitte zum Bau neuer Zentren. In: H.-G. Lippert/R.-M. Gollan/A. Köth (Hg.): un|planbar 2. Agora und Void: Die Funktion der Mitte in Architektur und Städtebau. Dresden 2013 (S. 20-43)

HB/Max Welch Guerra: Guernica/Gernika, Bild, Zerstörung und Wiederaufbau. Ein vergessenes Kapitel europäischer Städtebaugeschichte, in: Forum Stadt 3/2012 (S. 279-292)

HB (Hg.): Städtebau für Mussolini. Auf der Suche nach der neuen Stadt im faschistischen Italien. Berlin 2011 (520 S.) www.dom-publishers.com/media/download/datenblatt/978-3-86922-186-1_Daten-blatt.pdf

HB: Finster, grandios, verdrängt ... 75 Jahre „Imperium Italien". In: Bauwelt 17/2011 (S. 6-7)

HB: Das schwarze Erbe. Wie Mussolini das Stadtbild von Rom prägte: ein etwas anderer Rundgang durch die ewige Stadt. In: Der Tagesspiegel 07.05.2011 (S. 26)

HB: Städtebau im faschistischen Italien: Hauptstadtplanungen in Rom. In: T. Harlander/W. Pyta (Hg.): NS-Architektur: Macht und Symbolpolitik. Berlin 2010 (S. 61-77)

HB: Diktatorischer Städtebau in der Zwischenkriegszeit. Besonderheiten Italiens mit Blick auf das nationalsozialistische Deutschland und die Sowjetunion. In: A. Mattioli/G. Steinacher (Hg.): Für den Faschismus bauen. Architektur und Städte-bau im Italien Mussolinis. Zürich 2009 (S. 45-64)

HB: Zunehmende Begeisterung für die Neustädte Mussolinis in Italien. In: Die alte Stadt 01/2008 (S. 78-81)

HB: Rom, Moskau, Berlin: Städtebau und Diktatur. In: Kunst und Propaganda im Streit der Nationen 1930-1945. Im Auftrag des Deutschen Historischen Museums Berlin herausgegeben von H.-J. Czech und N. Doll. Ausstellungskatalog. Dresden 2007 (S. 48-61)

HB: Metafisica, Futurismo, Razionalismo, Mediterraneità ... Die Architektur des italienischen Faschismus und ihre unkritische Rezeption. In: Bauwelt 06/2007 (S. 8-10)

HB/Christiane Post/Uwe Altrock: Schmelztiegel internationaler Leitbilder des Städtebaus oder „stalinistische Reaktion"? Die Sowjetunion auf der Suche nach der sozialistischen Stadt zwischen 1929 und 1935. In: C. Bernhardt/T. Wolfes (Hg.): Schönheit und Typenprojektierung. Der DDR-Städtebau im internationalen Kontext. REGIO transfer 5. Erkner 2005 (S. 17-59)

HB/Christiane Post (Hg.): Städtebau im Schatten Stalins. Die internationale Suche nach der sozialistischen Stadt in der Sowjetunion 1929-1935. Berlin 2003 (416 S.)
www.gesis.org/sowiport/search/id/iz-solis-90411681

HB: Die Krönung der sozialistischen Stadt? Zum Umbau der Stadtzentren während der 1960er Jahre in der DDR. In: Arbeitskreis Stadterneuerung an deutschsprachigen Hochschulen (Hg.): Jahrbuch Stadterneuerung 2001 (S. 9-19)

HB: Auf der Suche nach dem sozialistischen Städtebau. In: H. Barth (Hg.): Grammatik sozialistischer Architekturen. Lesarten historischer Städtebauforschung zur DDR. Berlin 2001 (S. 321-325)

HB: Stadterneuerung im nationalsozialistischen Berlin: Routinisierung des Instrumentariums. In: K. M. Schmals (Hg.): Vor 50 Jahren ... auch die Raumplanung hat eine Geschichte! Dortmund 1997 (S. 161-166)

HB/Johannes Geisenhof/Dorothea Tscheschner: Gutachten zur bau-, stadtbau- und nutzungsgeschichtlichen Bedeutung des ‚Hauses der Parlamentarier' (ehem. Reichsbankgebäude bzw. ZK-Gebäude der SED), des Treuhandgebäudes (‚Detlev-Rohwedder-Haus', ehem. Gebäude des Reichsluftfahrtministeriums) und des ehemaligen Staatsratsgebäudes. Im Auftrag der Senatsverwaltung für Bau- und Wohnungswesen Berlin. Berlin 1993 (100 S.)
https://uedxx.files.wordpress.com/2015/11/gutachten.pdf

HB/Christine Hannemann/Max Welch Guerra (Hg.): Stadterneuerung in Moskau. Perspektiven für eine Großsiedlung der 70er Jahre. Berlin 1992 (193 S.)

HB: Stadterneuerung Moskau - vom Arbat nach Teplyi Stan. In: HB/C. Hannemann/M. Welch Guerra (Hg.): Stadterneuerung in Moskau. Perspektiven für eine Großsiedlung der 70er Jahre. TU Berlin. Berlin 1992

HB: Altstadt und Mietskasernenstadt – Felder der Stadterneuerung zwischen den beiden Weltkriegen am Beispiel Berlin. In: C. Kopetzki u.a. (Hg.): Stadterneuerung in der Weimarer Republik und im Nationalsozialismus. Beiträge zur stadtbaugeschichtlichen Forschung, Kassel 1987

HB: Das Modell Greifswald: Altstadterneuerung in Plattenbauweise. In: Bauwelt 44/1985 (S.1738-1741)

HB/Hans Stimmann: Die sozialistische Stadt: Weder neu noch fertig? In: Bauwelt 44/1985 (S. 1734-1737)

HB: Nationalsozialistische Neugestaltungspläne für Berlin. In: kritische berichte 1/1985 (S. 65-71)
http://journals.ub.uni-heidelberg.de/index.php/kb/article/view/11204/5055

HB: „Von Berlin nach Germania". In: Stadtbauwelt 84/1984

HB/Hans Stimmann: Der Fehrbelliner Platz in Berlin – ein Platz des deutschen Angestellten. In: Bauwelt 4/1983

HB/Hans Stimmann: Der Fehrbelliner Platz – Fragmente einer durch das III. Reich gezeichneten Geschichte. Katalog der gleichnamigen Ausstellung. West-Berlin 1983

Prof. Dr. Harald Bodenschatz, Sozialwissenschaftler und Stadtplaner, 1995-2011 Universitätsprofessor für Planungs- und Architektursoziologie an der TU Berlin, jetzt assoziierter Professor am Center for Metropolitan Studies der TU Berlin sowie Mitglied des Bauhaus-Instituts für Geschichte und Theorie der Architektur und der Planung an der Bauhaus-Universität Weimar. Lehre seit 1972 an der RWTH Aachen und an der TU Berlin. Gastprofessor in Rio de Janeiro (1997) und Lima (2000). Autor einer Vielzahl von Publikationen, vor allem zu historischen und aktuellen Fragen des Städtebaus.

Dr. Thomas Flierl, Studium der Philosophie und Ästhetik an der Humboldt-Universität. MdA, Baustadtrat in Berlin-Mitte, Senator für Wissenschaft, Forschung und Kultur von Berlin, danach als Bauhistoriker und Publizist tätig, Vorsitzender der Hermann-Henselmann-Stiftung, Mitglied des Bauhaus-Instituts für Geschichte und Theorie der Architektur und Planung Weimar.

Prof. Dr. Tilman Harlander (em.), Sozialwissenschaftler und Wohnungsbauexperte, von 1997 bis 2011 Lehrstuhl "Architektur- und Wohnsoziologie" an der Fakultät für Architektur und Stadtplanung der Universität Stuttgart, zahlreiche Publikationen und Forschungsarbeiten aus den Bereichen Stadt- und Architektursoziologie, Stadtgeschichte und Wohnungspolitik.

Christian von Oppen, Architekt und Stadtforscher. Seit 2014 wissenschaftlicher Mitarbeiter am Center for Metropolitan Studies an der Technischen Universität Berlin. Er ist Mitglied des Bauhaus-Instituts für Geschichte und Theorie der Architektur und Planung sowie des Werkbunds Berlin. Von 2007 bis 2014 lehrte und forschte er an der Bauhaus-Universität in Weimar. Seine akademischen Tätigkeiten erstrecken sich von der jüngeren Städtebaugeschichte bis hin zur zeitgenössischen Planungsgeschichte.

Prof. Dr. Max Welch Guerra, seit 2003 Professor für Raumplanung und Raumforschung an der Bauhaus-Universität Weimar. Seit 2013 ist er Direktor des Bauhaus-Institutes für Geschichte und Theorie der Architektur und Planung. Seit einigen Jahren beschäftigt er sich mit der Geschichte der Stadtplanung in Europa im 20. Jahrhundert und deren Aneignung als Erbe sowie als Gegenstand der Historiografie.

© 2016 by DOM publishers, Berlin
Das Copyright für die Texte
liegt bei den Autoren.
Das Copyright für die Abbildungen
liegt bei Harald Bodenschatz
Alle Rechte vorbehalten.

ISBN 978-3-86922-558-6

Herausgeber:
Deutscher Werkbund Berlin e.V.
Goethestraße 13, 10623 Berlin
Redaktion: Angelika Günter,
Christian von Oppen
Gestaltung: Nicolaus Ott
Druck: ARNOLD group Berlin

Die Realisierung des Ausstellungskataloges wurde ermöglicht durch:
Bauhaus-Universität Weimar,
Professur Raumplanung
und Raumforschung, mit Mitteln
des DFG-Forschungsprojektes
"Städtebau unter Franco und Salazar,
Stadtproduktion iberischer Diktaturen
im europäischen Kontext".

Wir danken dem Architekturmuseum
der Technischen Universität Berlin.

DOM publishers